# いのちの電話を支える

ボランティア実践の方法

今川民雄 著
Tamio Imagawa

日本評論社

# はじめに

筆者が「いのちの電話」と関わるようになったのは、北海道の旭川で北海道教育大学旭川校教育心理学教室に勤務していたときでした。「旭川いのちの電話」は一九八〇年一二月一日に開局しました。

旭川いのちの電話の立ち上げ、実施活動の中心的存在であった精神科医の駒井透先生から、活動を手伝うよう依頼を受けましたが、なかなか決心がつかず、旭川いのちの電話の「専門職」の名簿に、名前だけが掲載されている状態がしばらく続いていました。その駒井先生がが んで亡くなられたのが一九八六年の一一月のことです。そのとき以降二〇一九年三月まで（駒井先生ののちに活動の中心となられた、やはり精神科医の塚本隆三先生とともに）旭川いのちの電話との、そして二〇〇二年四月に札幌にある北星学園大学社会福祉学部福祉心理学科に移った翌年からは札幌の「北海道いのちの電話」（札幌に開局しているセンターですが「北海道」という組織名です）との関わりが続いています。二〇一九年三月以降も旭川いのちの電話との関わりを続けたい思いはあったのですが、持病のため歩くのが困難になりつつあり、活動を断念せざるをえませんでした。

筆者自身についていえば、三つの大学で合わせて四四年間大学教員を職業としてきました。非常勤として精神科の病院の臨床心理士や地方自治体のカウンセラーやスクールカウンセラーなどの経験はありますが、本務としての経験は大学教員だけということです。その私にとって、いのちの電話との関わりは何にもまして貴重な経験になりました。振り返ってみれば、いのちの電話でのボランティアの相談員の皆さんとの関わりから、いわゆる「専門家」の枠にとらわれていることの不自由さを学びました。旭川いのちの電話での総務委員長、事務局長、運営委員長などの経験によって、組織活動のありようの重要さを実践の中で学び、また、北海道いのちの電話での相談員の皆さんとの研修を通じても、様々なことを教えられたのです。

こうして一九八六年の末から二〇二〇年の途中まで足掛け三五年関わり続けたいのちの電話で学び考えたことをまとめてみよう、という試みが本書です。なお、引用した書籍や論文については、本書の最後にまとめて示してあります。

いのちの電話を支える　目次

はじめに……1

# 第一部　いのちの電話とは……9

Ⅰ　ボランティアによる電話相談――その特徴……11
1　はじめに……11
2　電話でのコミュニケーションの特徴……12
3　専門家と非専門家ボランティアの違い……18
4　かけ手との絆をつくるための基本的な態度……26
5　傾聴の姿勢と支援のあり方……30

Ⅱ　電話相談としてのいのちの電話活動の基本……33
1　はじめに……33
2　ボランティアであることの三つの契約……39
3　いのちの電話の基本線……40

Ⅲ　対応に困難を覚える電話……47

1 いのちの電話における危機介入について……47
2 自殺関連電話について……52
3 性と電話——セックステレフォンに関わって……60
4 その他の対応に困難を覚える電話……70

第二部 いのちの電話の相談員になって……77

I いのちの電話で研修を続ける意義……79
1 はじめに……79
2 いのちの電話で研修が必要なわけ……80
3 傾聴力を高めるための研修とは……82

II グループ研修について……89
1 はじめに……89
2 グループ研修に参加すること……90
3 グループ研修でのファシリテーターについて……96
4 ロールプレイの多様性……97

5 いのちの電話のロールプレイの原則から離れてみる……102

Ⅲ スーパービジョンについて……105
1 はじめに……105
2 いのちの電話でのスーパービジョンとは……106
3 いのちの電話におけるスーパービジョンの役割……106
4 いのちの電話でスーパービジョンが必要なわけ……107
5 自分のくせについて気づくために……108
6 スーパービジョンの実施の仕方（一対一のとき）……119
7 いのちの電話の電話相談としての特殊性、限界性とスーパービジョン……119

Ⅳ 相談員の傾聴力を高めるための研修……125
1 相談員の傾聴力を高める条件……125
2 自分の傾聴力に気づく方法……127
3 傾聴力を高めるための研修……130
4 傾聴力とロールプレイ……133

第三部　いのちの電話の相談員を取り巻く活動……139

I　いのちの電話でのファシリテーターの役割……141
1　はじめに……141
2　ファシリテーターとは何か……142
3　ファシリテーターの心得七か条……143
4　ファシリテーターの働き……146
5　いのちの電話のグループ研修におけるファシリテーターの役割……150
6　いのちの電話におけるスーパーバイザーとグループ研修における
ファシリテーターの役割の共通性と違い……152

II　安心・安全な場をつくること……155
1　はじめに――安心と心理的に安全な風土の必要性……155
2　自分の心に注意を向ける――気づきを妨げる心の働き……158

III　相談員を続けることとやめること……161
1　電話相談員の継続について……161

2　相談員をやめたいと思ったことについての調査……165

Ⅳ　日本の電話相談の発展——いのちの電話と電話相談学会を中心に……171
1　はじめに……171
2　電話相談の実践と研究の展開……172

おわりに……183
参考・引用文献……185

# 第一部　いのちの電話とは

# I　ボランティアによる電話相談――その特徴

## 1　はじめに

電話相談には様々なものがあります。例えば、専門家（精神科医や臨床心理士など）が必要に応じ、面接や手紙なども組み合わせた手立てのひとつとして利用するもの。また、業務として契約した企業の勤務者から相談を受けるというものなど。非専門家のボランティアによる電話相談もそのひとつです。

これらの電話相談には共通する特徴が挙げられます。電話のやり取りの場面に絞れば、声（音）と言葉のみに基づくコミュニケーションだということです（様々な背景音も加わりますが、それも含めて）。この特徴にかけ手が匿名であるという条件が重なったとき、「非専門家」が力を発揮できる余地が生まれるのです。この点については、あとで詳しく触れましょう。

筆者の電話相談の経験には、「いのちの電話」のボランティアでの電話相談、北海道臨床心理士会による「こころの健康電話相談」での臨床心理士としての電話相談、また、「チャイルドラインさっぽろ」（現・チャイルドラインほっかいどう）のボランティアでの子ども専用電話などがあります。そうした経験を通じて考えてきた電話相談の特質について、まとめてみましょう。

## 2　電話でのコミュニケーションの特徴

まず最初に、電話で相談を受ける場合の一般的な特徴について触れておきたいと思います（今川民雄「非対面援助活動としての電話相談」二〇〇五年を参考にしています）。

### ⑴電話という道具・システムの普及が条件

電話が普及していて、ごく一般的なコミュニケーションの道具になっていることが電話相談が広がる社会的背景です。現在は、いわゆる家電（イエデン）だけでなくケータイ・スマホ（若者にとってはケータイとスマホは別ものだとか）が当たり前になっています。イエデンを持っていない人も増えつつあります。その意味ではおとなも子どもも、かけたいときに電話をかけることができる条件ができあがっているといえるでしょう。そのぶん、話の内容から深刻さが薄れる傾向もないではありません。ケータイやスマホの普及は、電話の内容や、ＳＮＳなど電話とは異なるコミュニケーション・ツールの利用にも影響していますが、ここでは電話相談に限って話を進めます。

いのちの電話のスローガンに「いつでも・誰でも・どこからでも」というものがあります。そのうち、特に「いつでも・どこからでも」が実現された結果、経験を自分の中で「凝縮」する前に電話をかけるという傾向が生じているようにも感じられます。

### ⑵即時性・超地理性（かけ手にとって）

繰り返しになりますが、（ケータイ・スマホを含めて）電話という道具の特徴として、
①いつでも、誰でも、どこからでも（時間的・空間的事情は、道具としては無関係。外国から、夜中にかけることもできます）
②話したいと思ったとき、すぐに（もちろん、現実に難しい状況はあると思いますが）
③手軽に、気楽に、安く（一回、国内で、長時間にわたらない限り）
を挙げることができるでしょう。つまり、ケータイの登場によって、「いつでも・誰でも・ど

こからでも」は、いのちの電話が標榜する建前から、字義通りの現実になったと言っていいでしょう。

### ⑶匿名性（かけ手・相談員双方にとってそれぞれ）

電話を受ける相談員が匿名の場合と、かけ手が匿名の場合で異なるところがあるので、分けて取り上げます。

かけ手の匿名性の特徴

①かけ手の顔は見えません。かけ手が話さなければ名前など個人が特定できる情報はわからないままです。これは、電話という道具の持つ性質として、かけ手の匿名性の保証が可能だということです。あとでも触れますが、いたずら電話もこの性質と関わっています。

②かけ手が匿名であるため、相談員とかけ手の出会いはその場きりです。相談面接のように、前回の面談を受けて、次がどのような話になるかについて、相談員があらかじめ予想して準備しておくことはできません。これは、電話での相談が非専門家でも対応可能であること（専門的な知識や経験に基づく準備がなくとも大丈夫なこと）とも関係します。この点については、またのちほど触れましょう。

③かけ手が相談員にわからないのですから、第三者には、かけ手が電話相談したことすらわかりません。
④かけ手が匿名ゆえ、電話相談がかけ手の役に立ったかどうかを、終了後に確認することは困難です。裏返せば、相談員は自分の受け方に対し、かけ手がどう判断したのかがわかりません。
⑤相談の意図を持たない電話、つまり、いたずら電話をかけやすいということにもなります。かけ手による一方的なコミュニケーションも可能です（例えばセックステレフォンなどもそのひとつです。これはコミュニケーションとも呼べないかもしれません）。

相談員の匿名性の特徴
①かけ手には、電話の話を聞いている相手が誰だかわかりません。自分の知っている誰かに話すのと比べ、秘密が保持されていると感じやすいでしょう。その結果、安心して心を打ち明けることができるのです。
②相談員が匿名のため、特定の相談員を意図する、指名するようなことができません。かけ手が再び電話をかけたとしても、話の続きという形でのやり取りはできず、同じ話を最初からすることになります。

③やり取りの内容について、かけ手が相談員をのちに追及したくなることがあったとしても、名指しで直接相談員の責任を問うことはできません。いのちの電話の事務局にクレームがくることもありますが、匿名性に相談員は守られます。

### (4) 一回性

①かけ手と相談員はともに匿名ゆえ、互いを特定できません。したがって、かけ手はともかく、相談員は一回性を強く意識して電話を取ることになります。

②出会いは常に今、電話がつながったこのときだけになり、同じ相談員とかけ手との出会いに次はありません。この点は、相談面接との大きな違いでもあります。

### (5) 一人性

①いのちの電話では通常、かけ手の話しか聞けません。かけ手の考え方にもよりますが、別の人が参加しての話し合いは、かなり困難です。結果として、話から得られる情報は限定的となります。最近では、スマホのスピーカーを使い、複数が参加するという方法も可能ですが、そうしたやり方はいのちの電話では、まずありえないでしょう。

②かけ手と相談員が一対一で、耳元で語り合うため、「偽親密化」（親しい間柄であるかのよ

うに感じてしまうこと）が生じやすい傾向にあります。相談員とかけ手の間で話が進み、「傾聴」が成立すればするほど、互いの心理的距離が近くなったと感じやすくなります。

### (6) かけ手主導

相談員もかけ手も匿名であるという条件の下では、使っている道具が電話である限り、以下の判断は原則としてかけ手が行います。

①電話をかけるときの時間と場所の選択はかけ手が主導します。このことは、いのちの電話が二四時間体制を目指す理由にもなっています。

②かけ手はいつでも電話を切ることができます。電話を続けるかどうかの判断はかけ手が主導します。原則として、相談員の側から切ることはまれです。

③再び電話をかけるかどうかは、かけ手の側が判断します。つまり相談を継続するかどうかの判断はかけ手に委ねられているのです。一回性という特徴と相談の継続という考えは一見矛盾していますが、あくまでかけ手の立場からの見方です。

## 3　専門家と非専門家ボランティアの違い

いのちの電話はボランティアによって支えられています。ここでもう一度、ボランティアによる電話相談の特徴を確認しておきましょう。

### ⑴ボランティアの出発点

「支援したい」という素朴な思いが出発点

「悩んでいる人、困っている人の助けになりたい」という思いが、電話相談員の出発点です。ただ、実際にはそのほかにも多様な意図を抱いていることでしょう。「カウンセリングの勉強がしたい」とか「勉強してきたカウンセリングを試してみたい」とか「自分も悩んでいた経験があるから、人の悩みを支援できる」など、いろいろあると思います。

一方で、かけ手の悩みは実に多様です。そのため「勉強になる」「経験になる」「経験を活かせる」という気持ちだけでは、ついアドバイスをしたくなってかけ手の立場に立てなかったり、かけ手の自立の邪魔をしたりして、ボランティア活動が続けられなくなることも少なくありません。

繰り返すようですが、いのちの電話では、相談員は、かけ手について電話を通じて話されたことしかわかりません。日常において、私たちが人から相談されて何らかのアドバイスをするときは、すでに相手のことを、程度は様々であれ、知っているのが普通です。ですからアドバイスも、意識しているかどうかは別にして、その人についての知識を背景に行います。

それに比べて、まったく知らない人に対してのアドバイスは、自分の経験のみに基づくため、うっかりすると、ひとりよがりになってしまいます。そのため、いくらアドバイスをしても効き目がないという状況にぶつかることになります。そうなれば、嫌になってもおかしくありません。アドバイスは受け手にとっても危険なのです。

### ボランティアは非専門家であること

非専門家のボランティアはその利点を活かしながら、この道の専門家たちと協力し合い、連携する必要があります。場合によっては、専門家の意見が大変参考になるときもあるでしょう。そのためにも非専門家の利点と限界をはっきりとわきまえることが大切です。この利点と限界については、あとでまた触れます。

## ⑵ボランティアと専門家との違い

相談の内容や過程や結果についての責任

①専門家（あるいは著名人）が行う相談は、相談の受け手が匿名ではなく、回答にも責任が伴います。通常、専門家と相談者は契約関係にあることも多く、専門家には義務と責任が生じます。他方、非専門家が相談員の場合、匿名性が高く、個人として責任をもって答えるわけにはいきません。応答についての責任は組織（例えば「〇〇いのちの電話」）が負うことになります。ですから、かけ手からの様々なクレームがあったとしても、非専門家の相談員個人の責任が問われるようなことは、まずありません。こうした点はラジオ・テレビや雑誌の人生相談などとも異なっています。

②専門家は「報酬・義務・責任」が、非専門家のボランティアは「情熱」が、活動源となると言えるでしょう。

守備範囲の違い

専門家には専門領域という守備範囲があります。裏返せば、守備範囲以外は対応しない（できない、責任を持てない、あるいは期待されない）ということです。相談者も相手の専門性を考えて相談することになるでしょう。例えば弁護士に、病気の診断や治療について相談はしません。専門が違うからです。他方、非専門家のボランティアは「専門領域」を持ちません。したがって、あらゆる領域の相談に向き合うことになります。

最終目標

専門家には、一定の時間内（一回のやり取りとは限りません）にその専門領域において何らかの回答を出すことが、相談者から期待されています。ですから、回答するために必要な情報を、相談者に確認します。他方、非専門家は、答えを出すことを目的とせず、じっくり耳を傾けることに集中できます。どんなかけ手に対してもじっくりと「傾聴」できることこそ、ボランティアの最大の武器と言えましょう。それは、非専門家の相談員には、かけ手が話したいことを聴く、という態度に終始することが可能だということにほかなりません。この点は、特に強調したいところです。

かけ手と相談員との関係

専門家が相談員の場合、電話相談では専門家（受け手）対非専門家（かけ手）、いわば教える側と教わる側という関係が成り立ちます。この関係は対等なものとは言えません。一般的には、専門家には資格と、それに伴う経験が期待されます。他方、非専門家が相談員の場合には、かけ手とは上下ではなく、対等な立場で向き合うことが可能です。こうした関わりを、いのちの電話では「隣人」としての関わりと呼んでいます。

## 「傾聴」を実現する――いのちの電話での「傾聴」とは

ここでいのちの電話での、相談員の「傾聴」についてお話ししましょう。かけ手の話を傾聴するにあたって、相談員は自分の話し方や聴き方のくせを知っておく必要があります。そのためにスーパービジョンや研修を受けることが求められるのです。このことについては、あとで詳しく取り上げましょう。これは専門家でも非専門家でも同じです。専門家に比べ、非専門家のボランティアによる電話相談は傾聴を旨としますが、むしろ傾聴こそが強力な武器であるとも言えるでしょう。

ここでいう「傾聴」とはどのようなものか、ピンとこない方もおられるかもしれません。いのちの電話のボランティアによる傾聴について、筆者の考えを説明しましょう。

相談員とかけ手の間で、電話を通じてやり取りが行われます。多くの場合、かけ手は相談員にとって初めて話を聴く相手です。その電話を受けるまで、かけ手については何も知りません。そうした状況で話を聴くとき、相談員はかけ手の話すことをわかろうとするでしょう。ただ傾聴の場合は、話の内容だけではなく、相談事が起きたとき、あるいはまさに話している今の

「かけ手の気持ち」についても、わかろうとするのです。ここが日常の会話と力点の置き方が異なるところです。では、かけ手の気持ちがわかったかどうかは、どのようにして判断できるのでしょうか。これは、話している内容が理解できたかどうかと同じく、かけ手に確かめてみるしかありません。

「私は、あなたの話を聴いていて○○と思っていらっしゃると受け取りましたが、それでよろしいですか?」「あなたは今△△と思っていらっしゃるように受け取りましたが、それでいいでしょうか?」といったような確かめが傾聴には含まれています。つまり傾聴は、受け手が自分でわかったと感じるだけではないのです。そうした確認に対して、かけ手から「ええそうです」といった類の返答が返ってくれれば、その問いかけで確認できたことについては傾聴できていることになるでしょう。しかしこの「傾聴できている」という確認は、そのときの話のやり取りに限定されるので、傾聴が成り立たないやり取りがまた生じることもあるでしょう。そうした意味で傾聴は、かけ手とのやり取りの初めから終わりまで、相談員が目指し続ける聴き方ということになります。したがって、相談員が傾聴を実現してゆくには、かけ手の話を受け取ってどのように思ったかに敏感であること、それを的確に言葉に置き換えてかけ手に確認していくことが求められます。こうした過程全体を、本書では「傾聴」という言葉で表していると考えてください。

では、具体的なやり取りを例にとって、傾聴について説明しましょう（なお、以降に挙げる例はすべて、筆者の経験に基づく創作です）。

電話でのやり取りの具体例

以下Aはかけ手、Bは相談員とします。

**A1**：わたし、相談したいことがあるんですけど。

**B1**：どうぞ。

**A2**：今中三で、来年受験なんですけど、やる気が出ないっていうか。

**B2**：やる気が出ないのねー。どうしてだろう？

**A3**：ちょっと家のことで、急に一〇月ごろに引っ越さなければならなくなって。

**B3**：遠くに？

**A4**：ちょっと遠いので通おうと思っている。急に決まって……。

この例では、かけ手がA2「やる気が出ない」と話しているのに対して、受け手がB2「どうしてだろう」と原因追及の問いかけをしてしまっています。「やる気が出ない」という言葉を早のみこみせず、「やる気が出ないって言ったけど、もう少し詳しく話してくれる？」といった、「やる気が出ない」ことに焦点を合わせるようにしたいものです。また、B3で「遠くに？」とかけ手が話そうとしたこと（やる気が出ないことについてのかけ手なりの理由）からずれて、場所を聞いてしまっています。結果として、話をずらすことになってしまいました。傾聴の態度での質問は、相談員が聞きたいことを聞くというよりは、かけ手の話したいことや気持ちについて話してもらえるように質問すると考えてください。

もうひとつ、やり取りの例を挙げましょう。

**A1**：話したいことがあるんですけど、大学で福祉の勉強しているんだけど、向いていないかなって。

**B1**：福祉を専攻しているんですか。何があってそう考えるようになったんですか。

**A2**：……そう、ですね……。

**B2**：最初は専攻しようと思ったときは向いていると思って選んだ？

**A3**：向いていると思ってはいないけど、興味があって。

**B3**：それで勉強に向いていないのかなと思ったのは、何かキッカケがあって？

この例でも、Ａ１「向いていないかなって」と言っています。どういうことなのか、本人に話してもらわないとわかりません。ところがＢ１「何があってそう考えるようになったんですか」と原因についての問いを発してしまっています。Ａ２の沈黙の部分は、考えているとも受け取れますが、答えようがなかったのかもしれません。Ｂ２もＢ３も相談員が自分の考えを確かめている質問になってしまっています。傾聴の態度では、Ｂ１で「向いていないってどういうこと?」と問い返したいところです。

## 4 かけ手との絆をつくるための基本的な態度

いのちの電話では、相談員は電話を通じてかけ手との間の「心の絆づくり」を心がけることが大事になります。傾聴はそのための最も重要な対応のあり方だと言えましょう。ここでは、傾聴の背後にある、かけ手との関わりの基本について考えてみたいと思います。

大切なのは、聴き方そのものだけではなく、かけ手と関わる際の考え方です。すなわち、かけ手が悩んでいる「問題」を「真に解決できる」のはかけ手その人だ、という考えです。

### (1) 人間としての心の通い合い

支援をしようとする立場にある人が、支援の対象となる人（いのちの電話の場合はかけ手）と心を通わせるためには、自分から相手に心を開き、自由な気持ちで、ありのままの姿で接することがまず求められるでしょう。そのためには、支援をしようとする立場にある人（相談員）が、かけ手とのやり取りを通じて生ずる自分の心の動きを的確につかみ、的確に表現できなければなりません。

日常では、自分の気持ちと話している内容とが違っていることはよくありますし、それが必要な場合も多々あるでしょう。相手との関係のありようによって、思ったことをそのまま口に出すか出さないかが変わるというのも、一概に善し悪しは言えないと思います。しかし、悩みや「問題」を抱える人とのコミュニケーションで相手と心を通わせようとする場合には、このズレは致命的になるおそれがあります。

例えば、相談員がかけ手の話を聴いて戸惑いを感じているときに、その戸惑いを率直に表明することが大事な場合もあるでしょう。相談員の真摯な率直さが、かけ手の心を開かせることに通じるのです。

## (2)あるがままにかけ手を理解しようとする

日常生活のコミュニケーションでは、相手との共通の考え方の枠組みや価値観などを共有し、相手との違いについてすでに知っているものです。一方、いのちの電話の場合、相談員はかけ手と初対面です。社会通念や自分の価値観などの基準や枠組みで相手を判断したり評価したりしないよう努めることで、かけ手は心を開きやすくなるでしょう。そのためには、どのような価値判断の枠組みを自分が持っているか、相談員は理解している必要があります。かけ手の話や気持ちを聴きながら、その話に反応している自分に気づかないと、かけ手の話やかけ手その人を、あるがままに聴くことは難しいと思われます。

それは同時に、こう聴かなければいけない、という「枠」にとらわれないことも意味しています。傾聴しながら「傾聴しなければいけない」という枠をはめない、ということでもあります。別の言い方をすれば、ありのままの自分を認め、ありのままのかけ手を認めることを目指したい、と表現できるでしょうか。

## (3)共感的に理解しようとする

あるがままにかけ手を理解しようとすることは、その人になってみたらどう受け取るかを理解する、ということでもあります。もちろん私たちはかけ手その人ではないので、なってみたらというのは想像してみるということにほかなりません。かけ手の心の流れに沿って、その人であるかのように感じ取ろうとしてみようということです。受け身的に相手の話をただ聞くのではなく、積極的に相手の立場に立とうとしながら、注意を集中して「聴く」ことが求められます。事柄だけでなく、かけ手の思いに注意を向けることと、受け取ったと感じたものを表現したり確かめたりすることが大事になるでしょう。「共感的に理解する」とは、自分でわかったと思うだけではなく、そうした確かめの過程を含んでいます。

### (4)人間的に尊重する

以上のような関わりや、聴く姿勢を支える考え方として、人はたえず成長し変化し、自ら物事を決定し、結果を引き受けられる存在であるというものが挙げられます。かけ手の悩みの答えを持っているのは相談員ではなくかけ手自身であり、答えに至る道筋にはいくつもの選択肢があるでしょうが、その中から選択できるのはかけ手だけであるとする考え方です。

非専門家による電話相談では、電話相談という特質から考えても、このことは重要です。相談員はかけ手の話の「内容を理解する」ことよりも、相談員とかけ手の関係づくりに心を砕くことが必要となるでしょう。信頼できない相手には、胸の内をなかなか打ち明けられないものです。かけ手が相談員に信頼感を抱けるようになるかどうか、いのちの電話のようなボランティアで非専門家の相談員が受け手の場合にかけ手が心を開けるかどうかについても、かけ手が相談員のことを、自分の気持ちをわかってくれて、自分を大事にしてくれる人と感じたかどうかで決まるのではないでしょうか。

## 5　傾聴の姿勢と支援のあり方

### (1)人は一人である。しかし、人は一人では生きていけない

見出しの二つの文の順序を逆に言ってみましょう。「人は一人では生きていけない。しかし、人は一人である」。こちらの順序では、突き放されたような印象を受けないでしょうか。表題の順序の表現のほうが含みが感じられるのではないでしょうか。「人一人ひとりに固有の価値がある。しかしその固有の価値は、実は人と人との関わりの中でしか生きることはないし、育つこともできない」ということに主眼のある表現です。傾聴の態度の底にはこうした考え方があります。

### (2)共感のあり方

非専門家の電話相談では、かけ手の悩みの答えはかけ手自身の中にあると考えます。ただ、

一人ひとりは異なった存在なので、かけ手にとってもっとも望ましい答えは一様ではありません。受け手が答えを一緒に探すためには、かけ手の思いをかけ手に従って理解する必要があるのです。ここに「共感」の重要性があります。

### (3)かけ手本位の支援

様々な悩みには、ひとつの正しい答えがあるのではなく、人の数に応じた答えがありうると考えます。人の価値観は多様であることを前提とする考え方です。

現代社会は、伝統的価値観の社会から、多様な価値観の社会への移行期にあると思われます。ただし、「価値の多様化」の実現は、実に困難な課題を含んでいます。私たちは自分以外の人が、自分とは違った考え方や感じ方をすることを、まず認めて受け入れる必要があります。その実現のためには「正しさ」は常にひとつの過程に過ぎない、今正しいと思われても変わることがあるという理解が必要でしょう。私たちの他者への期待が、あるいは「よかれ」という思いが、自分を枠にはめると同時に、他者を枠にはめてゆく可能性を秘めていることも心の片隅に置いておきたいものです。

# Ⅱ　電話相談としてのいのちの電話活動の基本

## 1　はじめに

### ⑴いのちの電話の相談員と倫理

ここでは、いのちの電話の相談員にとっての倫理について考えてみましょう。

「倫理」という言葉を『日本語大辞典』で調べてみると、「①人として踏み行うべき道、②人間の内面にある道徳意識に基づいて人間を秩序づけるきまり」と書いてありました。

いのちの電話の活動の多くは、社会福祉法人（NPO法人のところもあります）での活動です。その活動の中核は電話相談であり、ボランティアの非専門家によって担われています。ですから企業の組織のように、上意下達が当たり前の組織ではありません。そのことを考慮すると、いのちの電話の活動では組織の論理ではなく、活動に関わるメンバーの内面にある「規律」が重要となるように思えます。そこであえて「倫理」という言葉を使わせてもらいましょう。

いのちの電話の活動では、「ボランティアとしての倫理」と「相談員としての倫理」の両方を考えることが必要と思われます。ここでいう倫理とは、「人の内面にある規律」と考えてください。

## (2)いのちの電話のボランティアとしての倫理

この「ボランティアとしての倫理」については、中嶋充洋さんの『ボランティア論―共生の社会づくりをめざして』(中央法規出版、一九九九年)を参考にしています。

ボランティア活動に求められる学び

①ボランティアの活動に関連した本を読んだり、講演を聞きに行ったり、インターネットで検索したりしましょう。自らの活動に関して、できるだけ知見や経験を広げることが求められます。

②いのちの電話の相談員になるためには、「いのちの電話相談員養成講座」で学ぶことが必

要です。多くのセンターでは、相談員養成のため、二年間にわたる研修を行っています。これに参加して学ばないと、いのちの電話の相談員にはなれません。ボランティア活動とはいえ、こうした学びは活動に必須の条件です。

③いのちの電話の相談員はスーパービジョンを受けることが義務づけられています。スーパービジョンについては、あとで詳しくお話しします。これも学びのひとつです。

④いのちの電話では、相談員認定後も継続研修を受けることが義務づけられています。この研修についても、あとで詳しくお話しします。

ボランティアとしての活動の条件

①ボランティアの活動は、自らの関心と、活動の目的への理解に基づいています。関心の持てないことに義務感だけで関わると無理がかかります。ボランティア活動を長続きさせるためにも、このことは重要です。

②ボランティアの活動には、自分の知識や経験を活かしながらも、目的に応じた行動を身につける必要があります。関心があるだけでは不十分で、目的に応じた行動を身につけること（学び）が大事です。

③ボランティアの活動は、時間的・距離的・経済的に無理がなく、それぞれの力量に適した

活動であることが望まれます。このことも、活動を長続きさせる重要な条件です。

時間をつくること、家族からの理解を得ること

ボランティア活動の時間は「余暇」（余った暇な時間）ではなく、自ら「つくる」時間であり、生活の一部に組み込まれた時間であることが大事です。生活のありようは変化するものですから、「余った時間」をボランティアに活かそうと考えると、事情が変わって「時間が余らなくなった」ら、やめることにつながってしまいます。さらには、自らつくった時間だとしても、その活動に対する周囲からの理解と支えが大事です。ただし、特にいのちの電話では、守秘義務（あとで触れます）とバランスをとったうえで理解を求める必要が出てきます。

仲間との問題の共有

①いのちの電話の電話相談は、多様な個性を持つ人々と一緒に活動することで成り立っている活動です。多くの相談員の協力がなければ、例えば、二四時間体制を目指す活動は維持できません。

②仲間同士で情報交換や学習をともにし、互いに成長することを目指します。活動の仲間は、ともに学び合う仲間でもあります。

③互いの役割を確実に果たすことを通じて、いのちの電話活動全体（二四時間体制など）の維持と目的の達成が可能になります。

④仲間は、互いに支え合う関係です。仲間の支えがあって活動が長続きします（このこともあとで触れます）。

### (3)いのちの電話の相談員としての倫理

いのちの電話の組織との連携・情報交換・話し合い

いのちの電話の活動には、他のボランティア活動と異なった側面があります。

①いのちの電話の活動・運営の状況について関心を持ちましょう。すでにお話ししていますが、いのちの電話の活動は、多くが社会福祉法人としての組織活動という側面があります。そうした活動状況に関心を持ってください。

②いのちの電話で自分たちに期待されている役割を理解しましょう。いのちの電話の相談員の活動は、電話相談だけではないことを知ってください。電話相談を実現するには、経済的な面を含めて様々な活動が必要になります。

③いのちの電話の活動時間（例えば、自分の電話の担当時間）など守るべきことを守りましょう。多くのメンバーが、協力し合って活動しています。そのことを忘れないようにして

ください。

実践活動中の留意点

①組織の目標やルールを尊重しましょう。当たり前のことですが、大事です。

②自分の立場と役割を自覚して行動しましょう。ボランティアで非専門家の電話相談員であること、いのちの電話のメンバーであるという自覚を大事にしてください。

③率直な態度と教えを請う姿勢が重要です。電話のかけ手に対する傾聴を身につけるためにも、そうした態度や姿勢が求められます。

④守秘義務を守りましょう。電話相談に関する守秘義務と組織に関する守秘義務の二つがあることを忘れないでください。

⑤危機介入への対応を理解し、必要なときは実践しましょう。相談員の養成講座や、相談員になってからも研修で学ぶと思います。

⑥約束を守りましょう。これも当たり前のことですが、電話相談活動が全体として成り立つために必須です。

## 2　ボランティアであることの三つの契約

東京いのちの電話に関わりを続けている福山清蔵さんが『電話相談の実際』（双文社、一九九九年）という本の中で書いておられるボランティアの三つの契約について取り上げたいと思います。

①自分自身との契約

ボランティア活動では、その活動に関わるのを最終的に決めたのは、あなた自身です。その意味で、ボランティア活動の開始や継続は、まず自分自身との契約とも言えます。そのことを忘れないようにしてください。

②他者との契約

ボランティ活動に関わろうと決めたとき、いのちの電話の場合、他のボランティア仲間とともに活動することも決めたことになります。その活動は一人では成り立たないからです。つまり、他者とともに活動すると契約したことになります。

③組織との契約

いのちの電話は法人組織のもとで活動しています。いのちの電話の相談員の活動の多くは、そうした法人組織との契約のうえに成り立っています。

## 3　いのちの電話の目的と基本線

### (1) いのちの電話の目的と原則

目的

「孤独の中にあって、助け、慰め、励ましを求めている一人ひとりに、よい隣人として、『電話』という手段で対話すること」という考えを基本に、いのちの電話は活動しています（日本いのちの電話連盟）。

日本いのちの電話連盟（「いのちの電話」という名称は、日本いのちの電話連盟が商標登録しています）は、全国のいのちの電話センター（いのちの電話として開局している、それぞれ独立の組織）の連合体です。各センターの上位組織ではありません。いのちの電話では、自殺予防を目的の重要な柱としていますが、統計的な値（例えば自殺率の低下とか）を目標に置いているわけではありません。各センターにかかってくる電話一本一本に対する相談員の応答によって、かけ手が電話をしてよかったと思えるようになることを目指しています。それを支えるのが傾聴という姿勢です。その際、匿名を守り、「いつでも、誰でも、どこからでも」話をするにあたって、電話というのは最適な手段と言えましょう。

### 相談員がボランティアであること

いのちの電話の相談員がボランティアであり、非専門家であることについては、専門家との対比でお話ししました。ボランティアであり非専門家である強みとは、あらゆる領域の悩みに対し、傾聴という姿勢で対応することができる点にあることもすでに強調したかと思います。死を訴えるかけ手に対しては、専門家よりも非専門家のほうが効果的（かけ手を癒すという意味で）という話もあるくらいです。

そもそも、いのちの電話のような活動は、予算によってあり方が左右されるような組織活動には向いていません。活動自体にたくさんのお金がかかるようでは、実現が難しいでしょう。いのちの電話の活動は、上意下達的な組織活動ではありません。二四時間の電話相談を分担し担当することを目指すにあたって、担当する一人ひとりの「かけ手の助けになりたい」という思いが不可欠です。

## (2)日本いのちの電話連盟の基本線

日本いのちの電話連盟では基本線として、以下の項目を挙げています。

匿名の尊重と守秘義務を守る

いのちの電話は、相談員もかけ手も匿名です。そこで話した内容を他に漏らすことはありません。それが守られることによって、かけ手は誰にも言えない悩みを話すことができます。

宗教、政治的立場を尊重する

いのちの電話には様々な人がかけてきます。相談員にも様々な立場の人がいます。互いに匿名で、心を開いてやり取りするには、かけ手の宗教、あるいは政治的立場を尊重することが大切です。かけ手が、自分が受け入れられていると感じることが、誰にも言えない悩みを語るのに不可欠だからです。

一日二四時間いつでも受ける、一人ひとりが担当時間帯を守る

いのちの電話の目的のひとつが「自殺予防」です。死を考え、その思いを受け止めてくれる誰かと話したいと思う、それがいつなのかは人によって様々です。ですから、そうした電話を

受けるには、二四時間いつでも話ができる状態が必要です。その実現には、ボランティアの相談員が二四時間を分担して休むことなく電話を受け続けること、そしてそれぞれの相談員が自分の担当する電話相談の時間帯を守ることが不可欠になります。

### 電話相談の有効性への信頼と専門家との協力

いのちの電話で相談員を継続してゆくには、自ら電話をとってかけ手の話を聴くという行為に意義を感じることが大切だと思われます。それには、電話を通じてかけ手の話を聴くことがかけ手の役に立つという思いを持てるかどうかが大切になるでしょう。また、いのちの電話の活動は広い意味で社会福祉的活動に含まれますから、専門家（社会福祉、臨床心理の専門家や精神科医など）との協働も大切です。

### 必要に応じて関係専門機関へ紹介を行う

いのちの電話のかけ手には、「専門的な回答」を求めている方もいます。じっくりとかけ手の話を聴いたうえで、そうしたことがわかった場合は、できる範囲で関係専門機関を紹介できることが望ましいでしょう。各地のいのちの電話センターには、そうした場合への備えがあります。

いのちの電話活動はボランティアによって支えられる

いのちの電話の活動は、継続が重要です。その年の予算のありようによって実施したりしなかったりということは回避すべきでしょう。予算の有無に左右されないためにも民間運営であることは必須です。また民間運営であることやボランティアであることによって、人種・国籍・性別などによる制約を外すことが可能になります。

守秘義務は、電話の内容だけではなく、いのちの電話の組織活動に関してのものもある

すでに書いたように、電話でかけ手が話した内容は、外部に漏らしてはいけません。また、いのちの電話はボランティア活動であるとともに、社会福祉法人であるなどの組織活動でもあります。そうした組織には外部に漏らすことを避けるべき情報もあります。つまり、いのちの電話の守秘義務には、電話相談の内容と、組織活動についてのものとの両方があることになります。

### (3)相談担当の基本ルール

全国のいのちの電話の各センターでは、(1)(2)に挙げた日本いのちの電話連盟の基本線に沿って、相談担当のルールを定めています。具体的なルールの一例を以下に示します。

①相談員は一個人としてではなく、いのちの電話の一員として電話を受けます。
②かけ手が匿名で電話をかけることを尊重します。かけ手の個人情報について、相談員から質問することは、ほとんどありません。
③相談員も匿名で対応します。相談員の個人情報はかけ手に伝えないことが原則です。
④かけ手と会うなどの、かけ手との私的関わりは禁じられています。このことは、ルールの②と③と整合しています。
⑤相談担当中に受けた電話の内容は、外部に口外しないこと。これは守秘義務です。
⑥特定の信仰、思想、信条をかけ手に強要しないこと。
⑦金品などの物質的支援は目的ではありません。経済的に困窮しているという話がかけ手によって話されることもあるでしょうが、物質的支援はしません。
⑧かけ手に支援を提供できる条件として、余裕を持った安定した気持ちで担当に当たる必要があります。心身の不調・個人的な困難な問題を抱えた場合には、直接の担当を一時避けることも必要です。

## (4) 相談の担当の条件

いのちの電話の相談員はボランティアですが、電話活動を支える組織と約束を交わすことによって電話活動に携わることになります。以下は組織との約束の一例です。

①誓約書の提出によっていのちの電話の組織と契約を結びます。

②自分の担当日を守りましょう。ボランティアとしては無断欠席、勝手な変更や取り消しはすべきではありません。担当提出のルールを守りましょう。

③担当の一五分前には担当室に入るよう心がけましょう。

④継続研修を受けてください。

⑤スーパービジョンを受けてください。

⑥頻回通話・からかい・いたずら・セックステレフォン・長電話・精神障害を持った方からの電話など、対応が困難な電話においても基本姿勢を守ることを心がけてください。

# Ⅲ　対応に困難を覚える電話

## 1　いのちの電話における危機介入について

### (1)「危機介入」と電話相談

「危機」とは、通常安定している心の状態を、大きく揺さぶる出来事が起きている状況（「難問発生状況」といいます）のことです。この状況は大きく二つに分けることができます。ひとつは「発達的危機」といい、「親から離れる」「思春期」「恋愛」「結婚」「子どもの誕生」「子どもの独立」「昇進」「退職」など、人生の節目々々で多くの人が経験するような「危機」を指します。もうひとつは「状況的危機」といわれ、「病気」「事故」「災害」「暴力」「介護」「近親者の死」など、いわば必ずしも前もって予想できないような、また必ずしも望んでもいないような出来事に遭遇したり、その結果として経験したりするものです。そうした危機に出会う人もいれば、出会わずに過ごす人もいます。

これらの危機は、人生に対して破壊的な影響をもたらしてしまうこともある一方、そうした危機を乗り越えることで大きな成長につながることもあります。ただし、危機に陥っている人は、即時的対応が可能な支援が求められる場合が多いでしょう。すでに触れたような、即時性、二四時間対応、匿名性といったいのちの電話の特徴は、そうした危機に遭遇している人に対する支援（「危機介入」と呼びます）に適しているのです。

### (2)電話相談における危機介入

危機状態の深刻さの評価

例えば、自殺関連電話（「死にたい」と話すことから、自殺手段を実行している場合まで、かけ手が何らかの死への思いを語る電話）の場合、自殺を実行する危険度を評価してみることが、かけ手の話を傾聴するのに役に立つでしょう。緊急措置の必要性や、本人と話し合う時間的余裕の有無などを判断し、話の聴き方の方針を決める必要があります。

### 信頼関係の形成

自殺関連電話の場合でも、聴き方の原則は、心を開いて話ができること、互いに関心を寄せ合い信頼し合う関係を実感できることを目指します。かけ手の危機の緩和、解決のための基盤の形成が目的です。

### 抱えている具体的な問題の確認

危機にある人は、動揺し混乱していて、自分の問題を明確にできない可能性があります。相談員との話し合いを通じて問題が明らかになり、見通しが立つと安心を得ることができ、解決への元気を持つことができるようになります。最初は話していることに筋が通っていないように思えても、じっくりと耳を傾けましょう。

### 本人の解決可能性や周囲の影響力の肯定と活用

危機にある人は「どうにもならない」と絶望している可能性があります。本人が気づかないでいた支援のネットワークが、かけ手の周囲に存在している可能性があります。できれば、そうした支援のネットワークを一緒に探し出すことも必要です。

問題解決の計画を一緒につくる

ここでいう問題解決の計画の中には、医療・福祉機関に委ねる必要がある場合も含みます。それでも、できるだけかけ手の自力での解決を当人と練ることが重要です。

危機を訴える電話の例

ここで、危機に関わるやり取りの具体例を紹介しましょう。まず「発達的危機」に相当するやり取りの、話し始めです。

A1：たいしたことではないのですが、話を聴いてほしい。
B1：はい、どうぞ。
A2：旅行会社に勤めているんだけれど、最近昇進で主任になりました。でも、私は自分で黙々とやるタイプなので、社交的じゃないんです。自信もない。部下の人は年上で、仕事もできるんです。自分の仕事も溜まって、土日出勤になってしまう。
B2：大変ですね。
A3：ありがとうございます。仕事が溜まって、憂鬱になるんです。
B3：初めての主任という立場になって、部下に思うように関わることができずに、お悩みなんですね？

A4：はい。

少なくとも、このやり取りでは、Ｂ３で相談員が受け取ったことを確認して、「はい」という返事をもらっています。ここまでは傾聴の態度が保たれていると言えるでしょう。

次は「状況的危機」のやり取りの例です。

A1：どなたかに聞いていただきたいんです。

B1：どんなことでしょうか？

A2：夫が胃がんなんですね。転移してて、もう手遅れだと。余命二か月と言われて、どうしてもっと早く気が付いてやれなかったのかと思って。考えてみれば食欲も落ちていたし……。

B2：あなたにとって突然のことで、悔やんでも悔やみきれないという気持ちでしょうか。

A3：夫は仕事もしているんですが、半年前に入院して手術して、抗がん剤を打って、経過は良くなったんですが……。

B3：気が付いてやれなかった自分がつらいんですね。

A4：そうですね……。

夫が突然のがん宣告で、気づいてやれなかったことを悔やんでいる電話です。相談というより、誰かに気持ちを聴いてほしいという電話です。危機の場合、こうした電話も多くかかってきます。

## 2　自殺関連電話について

危機介入を必要とする電話の代表的なもののひとつは自殺関連電話です。いのちの電話の活動の重要な柱にも、自殺予防が謳われています。そこで、まず自殺に関する基礎知識として、日本での自殺の現状について、簡単に統計を見てみましょう。

### (1)日本の自殺者数の現状について

統計的には、平成一〇（一九九八）年以降自殺者数が急増し、三万人を超えています。その後、平成二四（二〇一二）年以降、自殺者数は少しずつ減少していて、令和元（二〇一九）年は一万九五九五人（警察庁による速報値）と二万人を下回りました（二つの図はT-PECのホー

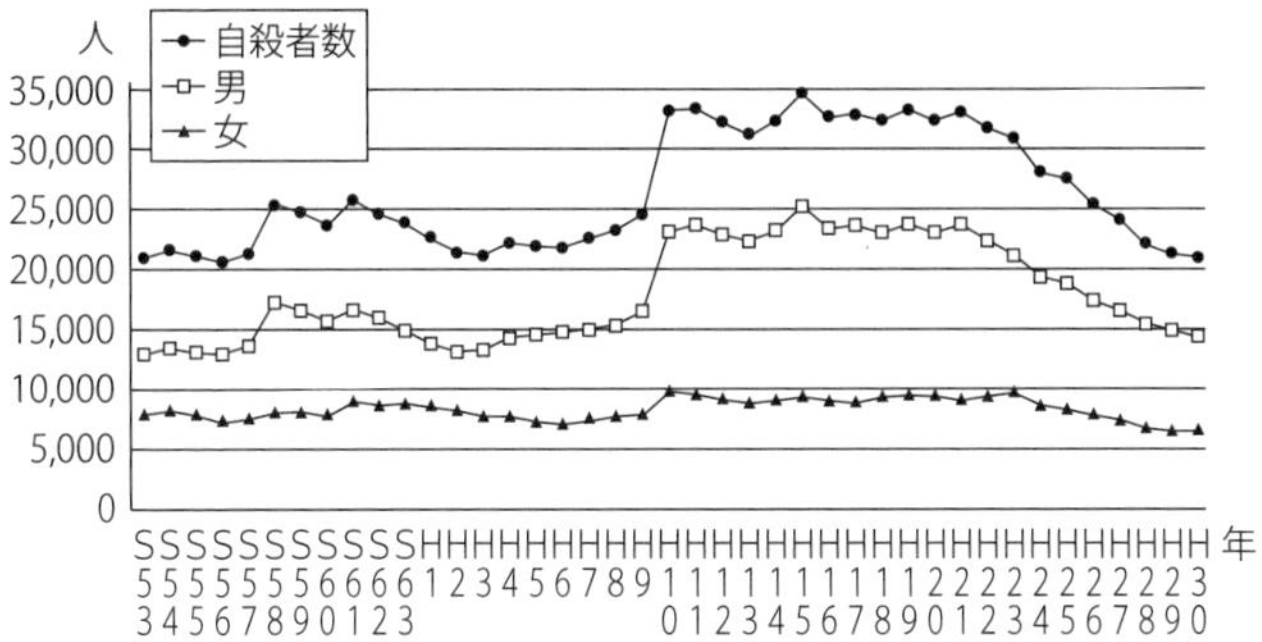


図1－1　自殺者数の推移

ムページから引用しています）。

女性の自殺者数は、年間五〇〇〇人から一万人の間で大きな変化は見られず、平成二四年以降の減少は、もっぱら男性の自殺者数の減少によるものであることが、図1－1からわかります。

図1－2は職業別の自殺者数の推移です。平成一八年と一九年を境に、分類カテゴリーが変わっている点に注意してください。いずれにしても平成一〇年からの急増は「無職者」と「被雇用者」と「自営者」の増加が影響しているように見えます。また平成二四年以降の減少も、「無職者」と「被雇用者・勤め人」と「自営者・家族従事者」の減少が影響しているように見えます。ただ近年について言えば、年齢別に言うと若者の自殺者数が横ばいである一方で若者の人口が減っており、実際には若者の自殺率が上昇している点は、指摘しておく必要があると思われます。

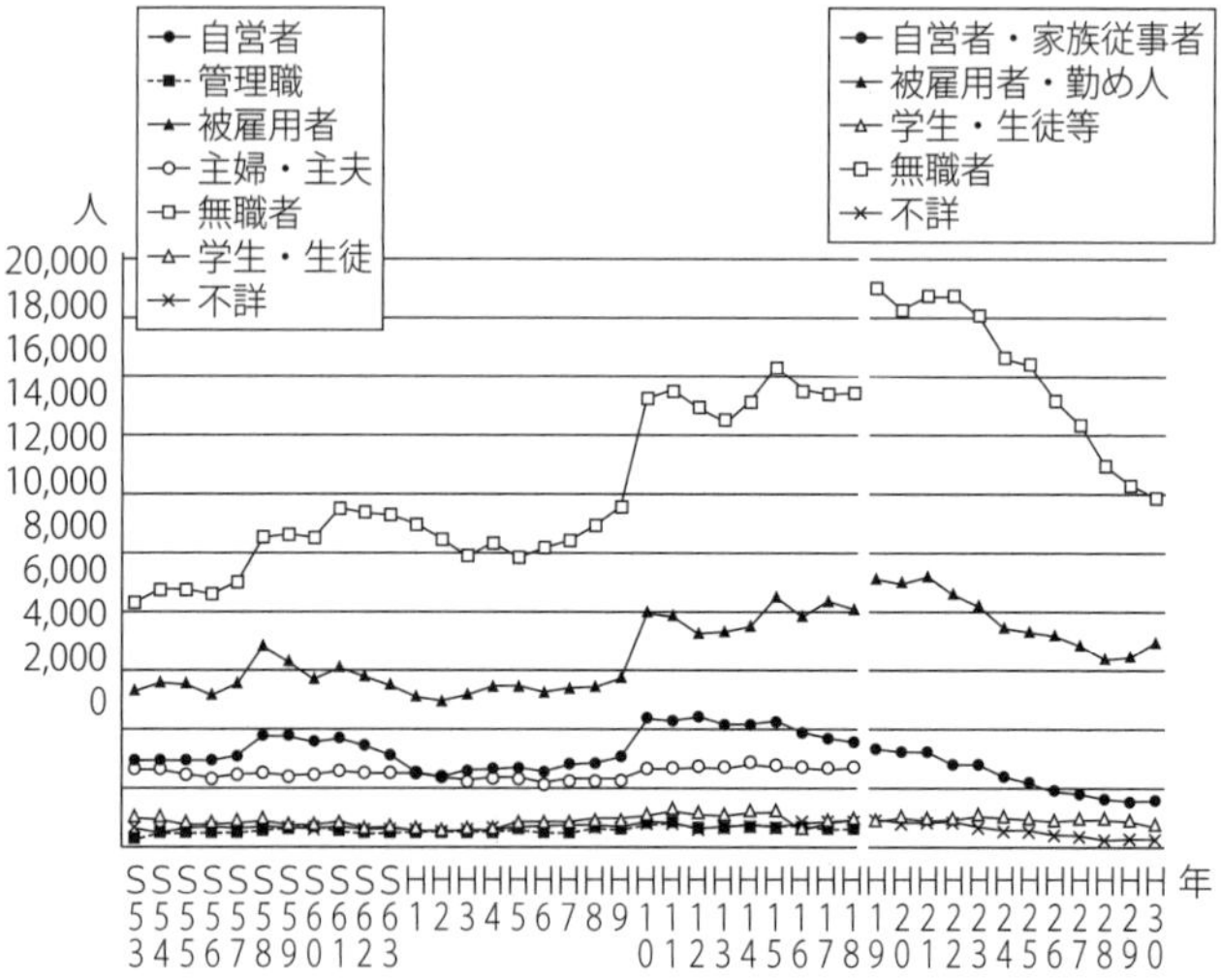


図1-2　職業別自殺者数

## (2)自殺に関するよくある誤解と事実について

自殺については誤解も少なくありません。そこで、誤解と事実をいくつか挙げておきたいと思います。

### よくある誤解

まず、自殺に関してよくある誤解を、いくつか挙げてみましょう。

①自殺を口にする人は、本当は自殺しない。

②自殺の危険の高い人の死の意志は、確実に固まっている。

③自殺は何の前触れもなく生じる。

④いったん危機的状況が収まって症状が改善すると、二度と自殺の危機は起き

ない。

⑤自殺は個人の価値観や人生観の問題であり、予防する手段はない。

などが挙げられます。これらの考えは事実に反する誤解です。

事実

それに対して、事実はどうかというと、自殺を考える多くの人は、死にたいという気持ちと生きていたいという気持ちの間を揺れ動いています。

①自殺の危険の高い人は、しばしば様々な形で、死にたいというサインを表している。

②死にたいという思いは何度も生ずるかもしれないが、決して永遠に続くわけではない。

などが指摘できます。

### (3)自殺を訴える電話への対応のポイント

「死にたい」「生きている意味がない」といった訴えに接したとき

死の訴えに接したときに、逃げたり話をそらしたりすることなく、正面から受け止めることが、相談員にとって最も大事なことと考えられます。「死にたい」という言葉は、相談員にとってもショッキングなものです。観念的に死を考えたり語ったりすることは誰にでもできるかもしれませんが、自分の死を口にする人に相対すると誰であれ及び腰になってしまうものでしょう。しかし、今すぐに死ぬ、あるいはもう自殺手段を実行しつつあるといった危機的事態でない限り、その言葉に慌てふためかなくても大丈夫だということは知っておいてください。

相談員は、かけ手の訴えに真摯に耳を傾けるとともに、できるだけ冷静な態度を保つことを心がけましょう。その言葉に触れないようにしたり話をそらしたりせず、言葉の背後にある気持ちをじっくりと話してもらいましょう。「今死にたいと言ったけど、どういうことなのか話してくれる?」といった問いかけをしてみるのも、よい働きかけ方のひとつです。じっくりと話を聴く過程で、かけ手の状態についての心配な気持ちが沸き起こってきたら、率直に伝えてみましょう。

かけ手の語りたいこと、わかってほしいことを、かけ手の価値観や意見を尊重しつつ受け入れるという、ごく当たり前の聴き方が大事です。

自殺の危険度を評価すること

デイビッド・レスターは『電話カウンセリングの技法と実際』(川島書店、一九八二年)の中で、自殺の危険が高い要因として、

①高齢者で白人の男性

②鬱病
③生命に関わる自殺未遂の前歴があり、今も自殺を考えておりその手段となるものを用意している
④最近急性の、強いストレスの経験をしている
⑤頼れる人がほとんどいないか、本人に対して冷淡で拒否的な友人、親族がいる

の五つを挙げています。ここに挙げた要因はアメリカでのものではありますが、①の白人以外は参考になると思いますので、こうした要因に当てはまるかどうかを念頭に置きながら、自殺の危険度について判断しつつ話を聴いていきましょう。

自殺を実行している、あるいは自殺を実行する手段を手にしており、実行しようとしている場合

「今手首を切った」「ガス栓をひねったところだ」といった危機状況が話された場合は、まず、傾聴の前に行為を止めることから始める必要があります。この場合も、電話をかけてきたという意味をきちんと受け止めることが大切でしょう。かけ手は、死ぬと決めているわけではありません。むしろ何とか助かりたいという思いを持ちながら電話をかけてきている場合も十分考えられます。まず、自殺手段の実行を止めてほしいこと、それから、話を聴きたいということを伝えましょう。

例えば、「手首を切った」といった場合では、傷の状態を話してもらい、どのような手当てが必要か、家族や救急車を呼ぶ必要があるか、呼ぶとしたら誰が呼ぶか、自分で呼べるか（このあたりになると、電話を受けた相談員一人で判断をすることについて、いのちの電話のセンターによって違いがあるかもしれません）、といったことを確認する必要が出てきます。できればかけ手自身が自分で対応することが望ましいと思いますが、相談員に助けを呼んでほしいとなれば、かけ手の住所と名前を確認する必要が出てきます（このあたりも、いのちの電話のセンターによって対応が異なるかもしれません）。ただし、そうしたときも慌てずに、できる限り長くじっくりと話を聴くことが何よりも大事です。

感情の表出を助け、理解し共感することによって、問題を明確にし、現実的対応に向かわせる

自殺願望の場合、きっかけになった出来事を詳しく語ってもらいましょう。そのときの気持ちや、その後から今までの思い（絶望感、無念さ、周囲への怒り、自己嫌悪、寂しさ、せつなさなどなど）に耳を傾けながら、その背後にある死にたくない気持ちにも焦点を当ててみましょう。そうした思いが語られれば、そのとき初めて、どのようにすれば死ななくて済むかといった現実的な対応にも話を向けることが可能になっていきます。

関係づけをする

かけ手の話を聴いていて、専門的なアドバイスや治療が必要だと思われる場合は、専門機関を紹介します。ただし、それをかけ手が望むかどうかが重要です。問題の解決を一番よく知っているのはかけ手であり、可能な対処方法から選ぶのもかけ手自身であることを忘れてはなりません。専門機関を押し付けないようにしましょう。いずれにせよ、かけ手が専門機関の紹介を求めると口にしたとしても、まずじっくりと話を聴いてみることが優先します。

再度の電話の約束

一回の電話で、自殺願望が消えるということは起こりにくいと思われます。こうした自殺関連の電話では、またいつでも電話してきてほしいと伝えること、自殺の可能性が高いと感じられる場合は、自殺したりしないで、また電話してくれるよう約束してもらうことも必要でしょう。

自殺関連電話の具体例

**A1**：死にたいんです……。

**B1**：どういうことか、もう少しお話ししてください。

A2：子どもと一緒に死のうと思っている……。
B2：もう少しお話しできますか？
A3：会社が倒産して、財産も底をついて、生活保護も受けられない……。
B3：それで死にたいと思ったのですね？
A4：父母も死んでいるし、兄弟もいないし、どうしたらいいか……。かわいそうなのは子どもだけど、生きるすべがない。つらくて……。
B4：それはおつらいですね。お子さんのためを思っても、いい方法が見つからない……。

相談員は「死にたい」という言葉に、焦る様子は見せずに、死にたいと思うに至る経緯について語ってもらっています。こうしてじっくりと付き合うことが何よりも大事です。

## 3　性と電話――セックステレフォンに関わって

「セックステレフォン」と呼ばれる電話は、相談員としては受けたくない電話のひとつでしょう。場合によっては、相談員をやめるきっかけになることすらあります。

もう二〇年以上前のことですが、筆者は機会があってオーストラリアのメルボルンにある、いのちの電話（英語の名称は"LIFE LINE"でした）にうかがったことがありました。そのときにメルボルンのセンターの方に一番困る電話についてお尋ねしたら、セックステレフォンだという答えが返ってきました。匿名でかまわない電話相談では、セックステレフォンがかかってくることは避けがたいのでしょうか。ただし、「性」の問題はセックステレフォンだけではありません。そこで、「『性』と電話」というテーマを取り上げてみましょう。

## (1)性に関する電話について

「性」に関連する電話がかかってくる理由はいろいろ考えられますが、少なくともいのちの電話が匿名性を標榜する限り、普段は口に出しにくい、人には話せないことも話題にしやすくなります。「性」もそうした話題（悩みや疑問）のひとつだということができるでしょう。

性に関する電話といっても、いろいろあります。ここでは性に関わる電話を、その内容から大きく「性の悩み（疑問）についての電話」と、「性の悩み（疑問）とはいえない電話」とに分けて考えてみましょう。表面的には性の問題が中心になっているように思えても、その背後に家族関係や孤独など別の問題が横たわっている場合もあるでしょうし、性の話題がそうした問題に「深まって」いったとすれば、性の悩みととらえる必要はなくなります。これは、性の悩みを深めてほしいということではありません。ここでは性の問題の背景に深く踏み込むことが主要な目的ではありませんので、関連する場合にのみ取り上げます。

## ⑵性の悩み（疑問）について

性の悩み（疑問）の中には、その背景に無知や誤解がある場合があります。例えば、「夢精は病気か」とか「中学生はセックスしても妊娠しないのか」とか「性器が大きい（小さい）」とか「包茎ではないか」とか「マスターベーションの回数が多いのが心配だ」等々です。部分的で偏った性情報が氾濫する中で、かけ手が自分たちの発達に見合った、性に関連する知識を身につける機会を持てていないために生ずる悩みがあるのだということは、肝に銘じておく必要があるでしょう。

こうした悩みや疑問について、じっくり耳を傾けていく中で、その背景にある無知や誤解が確認できれば、話を進めながら、それを正していくことも必要になるかもしれません。相談員が、ある程度正確な性に関する知識を、ＬＧＢＴなど性の多様性を含めて持っていることが求められるでしょう。そのためには、いのちの電話の研修で性のテーマを取り上げるとか、相談員自ら、様々な手段を通して、性の問題について学ぶことも必要と思われます。

こうした悩み（疑問）の場合にも、直ちに正確な知識を伝えればいいと早合点しないことが大事でしょう。例えば、「性器が小さい」という訴えが、どのような悩みから派生してくるのかを十分に聴くことなく、「性器の大きさ」についての話をしていっても、かけ手の悩みを「聴けた」ことにはなりません。それどころか、結果として「わかってもらえない」思いをかけ手に残すことになってしまう可能性すらあります。単に知識を伝えるだけでこと足れりとしてはいないか、疑問の背後に悩みはないのかどうか、確かめてみることが大切でしょう。

あくまでいのちの電話の相談員は非専門家のボランティアですから、自分たち自身も無知や誤解に陥っていないか、自分たちの価値観を押し付けていないか、注意を払うことが大事です。わからなければ、わからないと言えることも必要でしょうし、誰がそうした疑問に正確に答えられるのかを把握しておくことも大事かもしれません。

かけ手が性に関わる悩みを打ち明けたり、疑問を口にしたりすることに対して、相談員はどのように感じるでしょうか。かけ手の話す内容によって、また人によって、感じ方は様々だろうと思います。その感じ方の中に、相談員の皆さん一人ひとりの性に対する考え方、価値観が映し出されていることを確認しましょう。

また、妊娠、中絶といったいわば危機的状況での電話もあるでしょう。こうした場合には、質問に答える、あるいは正確な知識を提供するだけでは、かけ手の悩みの解決や支援にならないことも多いと思います。かけ手が置かれている状況の把握（場合によっては具体的な方策も一緒に考えなければなりません）と同時に、そうした状況の中でのかけ手の否定的な（自分を責めたり、低く評価したり、もうだめだと思ったりといった）気持ちを十分に受け止めつつ、かけ手が自分自身をもっと大切にして生きてゆくことを、一緒に考えてゆけるような対応ができればと思います。

### (3)性の悩み（疑問）とはいえない電話

ここで「性の悩み（疑問）とはいえない電話」というのは、例えば、

①相談員の（特に女性の）声を性的刺激として利用してマスターベーションをするため

②相談員に性に関わるような個人的な質問をする（して困らせる）ため

③相談員に性的な話（きわどい性的な言葉）を聞かせるため（自分が口に出したい？）

④右の③と重なる場合もありますが、性的な空想（作話）を聞かせるため

にかけてくる電話のことです。「セックステレフォン」とかセックス通話者といった言い方もされますが、その電話の内容はこの四つが代表的なタイプでしょう。以後ここでは、このような種類の電話を「セックス電話」と呼ぶことにします。

セックス電話に共通の特徴は明言できません。そのことを意識しすぎると、先入観にとらわれるおそれがあるからです。多くの相談員は、電話相談の経験を通じて、その特徴を感じ取るようになっていくようです。実際に受ける電話では、悩みや疑問なのかそうではないのかを区

別することは、そう簡単なことではありません。迷いながら受けているというのが実情ではないでしょうか。

セックス電話であるかないかにかかわらず、いのちの電話を受ける立場は、

①相談員は非専門家のボランティアであり、性の問題の専門家ではない。

②話を聴くことが基本であり、「どんな話でもいい」というのが建前であるが、対話にならない電話については、一定の考え方を持つことが必要。特に相談員が対応に困ったり、不快に感じたり、人格を否定されたりするような電話については、その内容によって対処についての共通理解が必要。

ここで注意してほしいのは、「対応に困る」「不快感がある」「人格を否定される」ことが、対応についての共通理解が必要な電話であるとする基準ではないということです。重要なのは、苦手な電話にどう対応するかというテーマではなく、「対話」が成立しないことにどう対処するかに関する共通理解なのです。

例えば、「セックスしたいという悩み」だってありえます。そして、それが悩みである限り、傾聴や対話は可能です。セックス電話は表面的には、広い意味での性的欲求を満たす相手を相談員に求めてきている電話だということです。セックス電話のタイプでいうと、①から③は、やり取りの中でそれとわかるものです。そこで④のタイプの場合、作話かどうかという疑問が

ついて回ることになりやすいでしょう。

ヴァンダ・ウォークという人は『電話相談とセックス通話者』（川島書店、一九九九年）という本の中で、セックス通話者に共通する特徴として、「ためらいがちな話し方」「感情のこもらない声の調子」「問題は訴えているが解決の意思はない」などを挙げ、「どんなことでもいいですか」「話しにくいことなんですけど」「さびしいんです」と切り出されることが多いと指摘しています。また、性的な作話によくみられるテーマとして、「家庭内の女性との性関係」「妻をほかの男に貸す」「服装倒錯」「フェティシズム」「辱めを受ける」「サド・マゾヒズム」「近親相姦」を並べています。これはあくまでアメリカのボランティアの電話相談での経験からまとめられたことですが、日本でも、性的な作話として、おそらく同じようなテーマが電話相談で語られる傾向があるかもしれません。

### (4)性の悩み（疑問）とは言えない電話への応答のまとめ

安請け合いしない

「どんなことでも話していいですか?」「ちょっと話しにくいことなんですけど」といった、セックス電話によくある話し出し方に対しては、どのような話なのかを促す種類の応答を心がけ、安易に「何でもいい」と請け負わないことが大事です。電話でのやり取りの中で、「何でもいいと言ったでしょ」と開き直られるおそれもあります。

性に関する疑問

疑問に対して、正確な情報を求めていることがわかった場合、必ずしも自分が答えなければならないと思う必要はありません。そうした疑問に正確に答えてくれる専門家や施設等（例えば産婦人科医など）を知らせることができれば、それに越したことはありません。かけ手によっては、性への無知を装い、性に関する知識や助言を受け手が口にするのを性的刺激として楽しむ場合もあることを考慮に入れる必要があります。

目的外を指摘する

マスターベーションをしていることがはっきりした場合は、ここがそうした目的に応ずるための電話ではないこと、マスターベーションをしている間は話をしないことを告げて、かけ直すことを勧めましょう。

詳細な説明は不要

詳しい性描写を行う場合は、そうした詳しい描写は必要がないことを伝えましょう。時には、そのようなことをすれば何が悩みなのかかえってわからなくなる、不快な気持ちになると伝えてもかまわないでしょう。セックス電話でない場合は、そうした発言にかけ手も対応してくれるものです。

性の電話の例

まず、「性の疑問」についての電話の例です。

A1：ちょっと聞きたいことがあるんですけど、いいですか？
B1：どのようなことでしょうか？
A2：朝起きると、時々パンツが汚れているんです。それで心配になって。
B2：おねしょじゃないんですね。それで心配というのは？
A3：何か病気じゃないかと思って、お母さんには相談できないし。
B3：病気じゃないかと心配なんですね。それで誰かに相談したいということでしょうか？
A4：病気だとしても、お医者さんはお母さんに言わなければいけないし。
B4：なるほど。ちょっと聞いてもいいですか？
A5：はい。

B5：あなたの周りで、誰か相談できそうな男の人はいませんか？

この電話では、相談員からどうしたらよいかの選択肢を提供するのではなく、かけ手にまず考えてもらっています。「一緒に考える」ということの実践です。

では次にセックス電話の例を挙げましょう。

A1：もしもし、いのちの電話ですか、何でも話していいですか？
B1：どんなことでしょうか？
A2：ちょっと話しづらいことなんですけど、恥ずかしいというか。
B2：どうぞ続けてください。
A3：あなたの下着は何色ですか？
B3：そういう個人的なご質問には、お答えできかねますが。
A4：そう言わないで教えてくださいよ。ストッキングは履いてますか？
B4：その個人的な質問にも、お答えできかねます。

セックス電話にも、もちろんいろいろなパターンがあります。いずれにせよ大事なのは、A

1で「何でも話していいですか」という問いかけに対して、B1で「はい、どうぞ」と応答せずに、「どんなことでしょうか」と問い返している点です。ここでの応答がB3での「お答えできかねます」という応答を可能にしています。「はい、どうぞ」と応答してしまうと、「何でも話していいって言っただろう」と開き直られてしまって困る事態が生じかねないからです。

## 4 その他の対応に困難を覚える電話

### ⑴頻回通話

「この話、前に聴いたことがある」とか「この人の電話を以前に受けたことがある」といった経験は、相談員にとってさほど珍しいものではありません。すでに述べたように、いのちの電話は、かけ手の匿名性を大事にしているので、相談員は原則として「初めての電話」であるように振る舞うことになっています。「前に聴いたことがある」という記憶が間違っている可能性もあるからです。とはいえ「前に話したことがある」といった思いを抱えながら、初めてのかけ手と話すように振る舞うことは、なかなか難しいものかもしれません。また、電話を終えた途端に同じと思われる人からの電話を再び受けた場合には、初めて受けたように振る舞うことには困難を覚えるでしょう。

頻回通話者に対して覚える困難はそれだけではありません。このかけ手はどうしていつも同じ話を繰り返すのだろう、という疑問が湧いてくるのは自然です。繰り返し電話をかけてくることがこのかけ手にとってどんな意味があるのだろうか、という疑問すら生じるかもしれません。

このような場合、いのちの電話に電話をかける意味は、かけ手の側にあるのを忘れないようにすることが大事でしょう。いのちの電話の相談員にとって、頻回通話者が問題になるとすれば、別のかけ手の電話がつながりにくくなるという点でしょう。ただ、そうはいっても「またこの人か」という思いは、傾聴の姿勢に影響するかもしれません。

電話相談の特徴として、かけ手主導である点を挙げました。電話をかける時間と場所の選択、電話をかけたことの効果、相談を継続するかどうか、いずれもかけ手の判断に委ねられています。あらかじめ、この点を了解しておかねばなりません。

ただ、頻回通話では、そもそも対話が成立しない、別の言い方をすれば「傾聴」が成り立たないものもありえます。その場合、「セックス電話」同様に対応してゆく必要があると思われます。

頻回通話の例を挙げることは控えます。というのも、頻回通話も一回だけをとれば、いのちの電話によくかかってくる悩みと変わりない場合がほとんどだからです。ただ、同じ話を何回も聴かされることで、受け手に疲弊感が生じてくるのです。

### (2) 攻撃的な電話

対話が成り立たないという点からすれば、相談員やいのちの電話を攻撃したり、場合によっては相談員を脅したりする電話も、その中に含まれるでしょう。今受けている相談員に攻撃を向ける場合もあれば、いのちの電話という活動全体に攻撃を向ける場合や、それ以外に攻撃を向ける場合もあります。攻撃的な電話の場合、かけ手が怒りの感情にとらわれているということは理解できても、その怒り自体については共感できない場合が多々あります。

いのちの電話が傾聴を目指すものであることからすれば、相談員の聞き方は攻撃的な内容そのものよりも、かけ手の攻撃を引き起こしている、例えば怒りの感情をどう受け止めるかにポイントがあるでしょう。怒りを鎮めようとする働きかけは、かえって逆効果になる場合もあります。

攻撃的な電話の例を挙げましょう。

A1：もしもし。
B1：はい、いのちの電話です。

Ａ２：お宅らは、相談員にどういう教育をしてるんだ！　人の話をまともに聞かずに、一方的に話しまくるだけじゃないか！
Ｂ２：いのちの電話に電話したら、話を聴いてくれなかったと。
Ａ３：話を聴いてくれないどころじゃないよ。私の話をまともに受け取らず、批判ばかりするんだ。まったく、相談員が聞いてあきれるよ。
Ｂ３：それは、お腹立ちになりますよね。

こうした攻撃的な電話の場合、いつどこのいのちの電話にかけたのかとか、相談員が話を聴かないはずがないとか、確認しないのが原則です。かけ手が怒って話していることが事実かどうかは確かめようがありません。次に取り上げる作話もそうですが、いのちの電話は事実を争う場ではありません。そのことを肝に銘じてください。

### (3) 作話

セックス電話も含まれますが、かけ手の話すことが事実ではないと感じられる経験は、珍しいことではありません。そもそも、かけ手が話していることが「本当かどうか」など、いのちの電話では確かめようがないのです。むしろ問題は、「騙されているのでは」と感じることが、傾聴を妨げてしまうかもしれない点でしょう。「本当かどうか」へのこだわりや「騙される」のを受け入れがたいと感じるような、受け手の心性が関わってくるようにも思えます。

かけ手の語ることが作話であったとしても、「そのような人物として受け取ってほしい」というかけ手の思いを傾聴できればと思います。

作話についても、例を挙げることはしません。筆者が「この話は作話ですよ」と指摘することは困難だからです。作話ではないかとの疑問は、電話を受けた相談員が感じ取るものなのです。

### (4)無言電話あるいは沈黙の多い電話

「はい、いのちの電話です」と応じても、かけ手から何の応答もなく、また電話を切られるでもなく、沈黙が続く場合があります。そうしたとき相談員が抱く懸念は、どの程度待ったらいいのだろうか、ということでしょう。

沈黙にもいろいろな含みがあります。話の流れによっては、言葉よりも雄弁に思いが伝わってくる場合もあるでしょう。他方、不気味に感じるくらい、ただただ沈黙が続くと感じられる場合もあるでしょう。日常会話では、沈黙は気まずさを生むことが多いかもしれません。しかし、いのちの電話では、表情や身振りといった非言語的な表現を伝えることはできません。その結果の沈黙もあるかもしれません。その意味で、沈黙も言葉と同様、電話では重要な情報です。

他者と会話する際、沈黙に不安を覚えるかどうかは、人によって違いがあります。一般に不安を抱きやすい人は、会話の最中の沈黙にも不安を覚え、自分から話し始めることが多いようです。いのちの電話の場合、かけ手が沈黙したときも、かけ手の次の言葉を待っていればいい場合がよくあります。会話の沈黙に慣れ、待てるようになること、そして沈黙の意味を感じ取ろうと思えるようになることが期待されます。そのことで、よりかけ手の思いを傾聴できるようになるでしょう。

無言電話の例を挙げると、次のようになるでしょうか。

A1：……………（受話器を取ったのち沈黙）。

B1：もしもし、いのちの電話です。

A2：……………。

B2：聞こえてますか？　いのちの電話です。

A3：……………。

B3：話せるようになったら、どうぞお話しください。それまで待ってます。

A4：……………。

このあとどのくらい待つかは、そのとき受けた相談員の感じ方次第です。例えば一五分経っても応答がなく、沈黙が続いていたら、「またお話しできるようになったら、かけてくださいね。ではいったん切ります」と断って切ってもかまいません。ただし気をつけていただきたいのは、一五分というきまりがあるわけではない点です。場合によっては三〇分以上待つこともありえます。

# 第二部　いのちの電話の相談員になって

# I　いのちの電話で研修を続ける意義

## 1　はじめに

いのちの電話では相談員の認定を受けたあとにも、毎月の研修（いのちの電話の研修にはグループ研修や全体研修などがありますが、ここでは主としてグループ研修を取り上げます）やスーパービジョンが義務づけられています。第二部では、グループ研修およびスーパービジョンのねらいや、そうした研修を必要とする理由、また研修のやり方などを取り上げてみたいと思います。

いのちの電話で、相談員になっても研修を続ける目的を端的に述べると、第一は傾聴力（かけ手の語りをどの程度、傾聴できるか）の向上と言えるでしょう。そして第二に、特にグループ研修では、相談員の間の絆をつくり強めていくこと（仲間づくり）になると思います。この二点を念頭に置きながら、グループ研修やスーパービジョンについてお話ししましょう。

## 2　いのちの電話で研修が必要なわけ

いのちの電話の相談員として認定されたあとも研修が必要とされるのは、いのちの電話では、かけ手とのやり取りにおいて求められる基本姿勢が「傾聴」であることに関わっています。すでに書きましたが、傾聴という姿勢は、非専門家である相談員にとって強力な武器ではありますが、同時に日常の会話とは異なるため、実際にそうした姿勢を維持していくのは、必ずしも簡単ではありません。たとえ、いのちの電話の相談員に認定されたとしても、それは必ずしも「傾聴力が十分である」（いのちの電話の相談員として傾聴の姿勢が十分身についている）ことを意味していません。相談員と認定されるにあたっては、傾聴ができているかどうかも重要ですが、かけ手に向き合う姿勢、一生懸命に相手の話を聴こうとする姿勢が身についているかどうか、また相談員として成長しようという思いが感じられるかどうかが大きいと思います。かけ手とのやり取りを終えたあとで、「こう言えばよかった」とか、「ああ言わなければよかった」とか、「あのような対応でよかったのだろうか」とか、様々な思いが湧いてくることがあっても、それは相談員として未熟な証拠とは言えません。こうした思いを抱くことはマイナスでないどころか、むしろ相談員としての成長につながることが多いのではないでしょうか。

実際の電話では、かけ手の話す内容は非常に様々で、初めて聞くような話もまれではありません。そうしたかけ手の話を聴きながら、様々な思いや考えが相談員にも湧いてくるでしょう。場合によっては、かけ手への批判的な思いや、評価にまつわる考えが浮かんでくるかもしれません。そうした思いが、時には傾聴という姿勢を妨げることもあるかもしれません。そうした思いに流されてしまわないようにすることも必要でしょうが、大事なのは、そのような思いが今相談員自身に生じているということに気づき、どのような言葉でかけ手にその思いを伝えようとするか、ということだと思います。何よりもその思いは、かけ手の言葉を聴いたことによって生じたものです。そうした思いを的確にかけ手に伝えることができれば、どのような関わりが相談員とかけ手の間につくられようとしているかを、かけ手にも示すことができるでしょう。

もちろん、思い浮かんだことを何でも言葉にしてみようというのではありません。「何バカなことを言っているんだろう」と思うこともないとは言えません。そのとき、「何バカなことを言っているんですか」とそのまま口にするのでは、傾聴というより相談員の価値観を押し付けることになってしまうでしょう。せっかく口を開いてくれたかけ手を傷つけるだけになってしまうかもしれません。ただ、そうした思いが湧いたことは事実ですし、思い浮かべてならないとは、筆者は考えません。

そうした思いが受け手自身の価値観に基づいた反応であることは確かなので、善し悪しの判断を直接口にするよりも、「もうすこし詳しく話してくださいますか」とか「あなたが今おっしゃったことはよくわからなかったのですが」とか、自分が「バカなこと」と思った発言について、より詳しく話してもらえるようにかけ手を促すことが大事でしょう。その結果「バカな」と思ったことが、そうではなかったと理解できるかもしれません。このような、より傾聴的な応答を身につけるには、「練習のための研修」が必要なのです。

## 3　傾聴力を高めるための研修とは

少し遠回りにはなりますが、傾聴力を高めるために研修（練習）が必要だということについて、ここで心理学の知識を借りて説明したいと思います。

ベテランの相談員でも、いつでも十分に傾聴ができているとは思っていないでしょうし、あとから振り返って反省しきりということもあるかもしれません。こうした反省のプロセスを取り上げてみましょう。

まず、私たちの頭の中には、自分なりに傾聴について、「知っている、わかっている」と思っている知識（イメージも含む）があります。ただ、この知識は相談員がそれぞれ抱いているもので、他の相談員と共通するものもあれば、その相談員独自のものもあるでしょう。

電話相談でのかけ手とのやり取りの記憶と、自分の中にある「傾聴についての知識」とを、半ば自動的に（これは必ずしも意識的に行われるとは限りません）照らし合わせた結果、実際のやり取りと傾聴についての知識との間のズレや食い違いに気づくことでしょう。そうすることで、相談員は自分のやり取りを反省することができるのです。

「傾聴力を高める」とは、このように、実際のやり取りと自分の持つ知識とのズレをできるだけ小さくするように努めることにほかなりません。それには、傾聴についての知識を増やすか、電話での応答を変化させる必要があります。

ここで、「傾聴についての知識」という言葉が出てきました。心理学では、知識には、その人の持つ、考え方や行動における「構え」も含まれると考えています。これを「スキーマ」（枠組み）と呼びます。

構えや枠組みと言ってもわかりにくいですよね。スキーマとはどのようなものかについて、もう少し具体的に説明しましょう。まず図2－1を見てください。

図のａ、ｂ、ｃ、ｄは、表情のように見えませんか？　ａはすました表情、ｂは笑った表情、

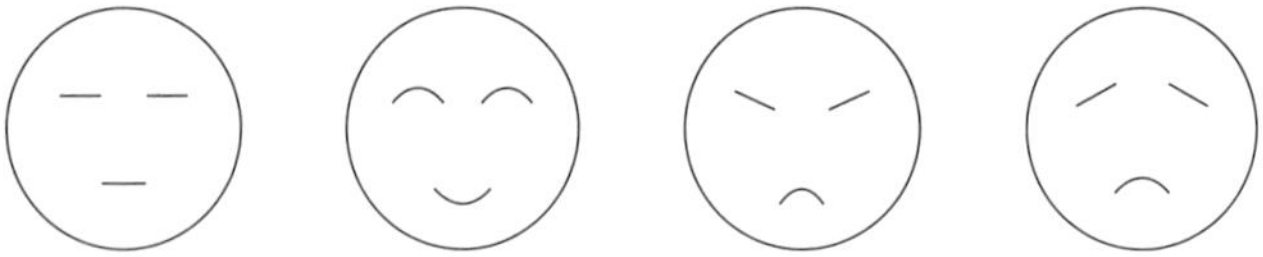

a　b　c　d

図2-1　丸と線からなる図形

ｃは怒った表情、ｄは悲しそうな表情のように見えると思います。しかし、よく考えると、この図はどれも、〇の中に短い線が三本書いてあるだけです。それなのになぜ、いろいろな表情に見えるのでしょうか。

心理学では、私たちの記憶に「表情スキーマ」という知識があると考えます。これは、生まれてからこれまで様々な表情を見た経験から蓄えられた知識です。ｂのような絵を見たとき、その絵は自動的に私たちの中にある表情スキーマと照らし合わされて、「笑顔スキーマとおおよそ一致する」という判定がなされ、その結果、「笑っているみたい」と「感じる」のです。この照らし合わせは、日常においていつでも自動的に生じていて、要する時間も非常に短いため、自分の持っている知識を参照しているという感覚は生じません。それこそ、絵を見た瞬間に「笑顔のようだ」という印象が生まれるわけです。

私たちの日常的な振る舞いには、こうした知識＝スキーマに基づくものが多いのです。例えば、ハンバーガー店に行ったときとお蕎麦屋さんに行ったときとでは振る舞いが変わるでしょう。ハンバーガー店に入るとまず、カウンターまで行き、行列があるときはそれに並んで、自分の番になったら注文してお金を払い、（そうでない店もありますが）トレイに番号札を立てて空いている席に座り、店員が商品を持ってきてくれるのを待ちます。そして食べ終わったらトレイを所定の場所に返しごみを捨てて店を出ます。一方、蕎麦屋では、店にもよりますが、まず空いている席を探して座り、お店の人が注文を取りに来るのを待ちます。注文をすますと、そのまま席で待機します。注文品が運ばれてきたら食べ、席を立ち、出入口でお金を払ってから店を出ます。

私たちは、こうした振る舞いについて、次は何をしたらいいか、いちいち考えているわけではありません。当たり前と言えば当たり前です。しかし実は、日常で経験を積み重ねた結果、「ハンバーガー店スキーマ」や「蕎麦屋スキーマ」ができあがったのだと心理学では説明します。私たちが当たり前のように振る舞えるのは、どのような場合にどのように振る舞うのが適切かという知識（スキーマ）をすでに得ているからなのです。こうした、なかば自動化された行動を指して「枠組みが働く」と呼びます。

話を電話でのやり取りに戻しましょう。かけ手とのやり取りは、基本的に止まることはありません。「なんて答えたらいいのだろう」と考えている間にも、話は先へ先へと流れていきます。そのやり取りの流れの中で口から出てくる言葉は、「身についている姿勢」から生み出されると言っていいでしょう。この身についた姿勢こそ、「電話でのやり取りに関わるスキーマ」にほかなりません。やり取りをあとから振り返ってみたとき、かけ手の言葉は憶えているけれど、自分がどう応じたかについてはっきりと憶えていないという経験があることでしょう。これは、自分の応答がやり取りの流れの中である種「自動化」しているために思い出せないのだと考えられます。傾聴に際してこうしたスキーマによる「自動化」が行えるようになるかがポイントです。

こうしたスキーマによる「自動化」は、スポーツで技能を身につけるときによく見られるものです。例えばバレーボールをイメージしてください。打ち込まれてくるボールを、相手のコートに、できるだけ打ちづらい球筋で、拾いにくい場所に打ち返す、という技術の繰り返しです。相手もこちらが打ち返せないようにねらってきますから、あらかじめボールの軌道を予想して反応していかないと、間に合いません。たとえ予想していたとしても、身体が即座に反応しないと、うまく返せません。相手がこちらのコートにボールを打った直後、プレイヤーは自分のすることを「考えて」から行動するわけではありません。それでは間に合わないからです。

かけ手とのやり取りもこうした状況と似ています。やり取りは流れていきます。対応を考えていては流れに乗っていけなくなります。また考えたからといって、かけ手に対し適切なタイミング、適切な言葉で応答できるとは限りません。バレーボールのプレイヤーのように、考えていなくとも傾聴に相応しい応答を打ち返せるようになることが望ましいのです。言い換えれば、「傾聴スキーマ」が相談員の中にできあがっていて、やり取りの最中に働く必要があるということです。

「考えなくても反応できる」ようになるために、バレーボールの選手は何をしているのでしょうか。私はバレーボールの経験は体育の授業程度しかなく、専門家ではありませんが、陸上競技での経験から類推してみることはできます。基本的なボールのやり取りのパターンがいくつかあり、それを何度も何度も繰り返し練習することで、「身体に覚えさせる」のではないでしょうか。

「傾聴力を高める」のも同じことでしょう。日常的な応答を傾聴的な応答に変えるには、具体的なやり取りを繰り返し練習するしかありません。そのために研修が必要なのです。

# Ⅱ　グループ研修について

## 1　はじめに

いのちの電話の相談員になると、かけ手からの電話を受けることはもちろん、研修に参加することも義務づけられていると書きました。研修が継続的に必要な理由についてもすでに述べた通りです。

ここからは、いのちの電話の研修について、より具体的に、詳しく見ていきましょう。特に取り上げるのは、「グループ研修」と「スーパービジョン」です。

## 2　グループ研修に参加すること

### ⑴グループ研修とは――主にロールプレイをめぐって

「グループ研修」とは、多くの場合、毎月一回行われる、複数の相談員が集まって行う研修のことです。センターによっては、専門家がメンバーに加わったり、ファシリテーター（あとで詳しく説明します）として参加したりすることもあります。

研修内容は、センターによって様々でしょうが、相談員役とかけ手役が二人一組で電話のやり取りを演じてみるロールプレイを実施することが多いでしょう。この場合、ロールプレイ後に、メンバーで話し合いを持つのが一般的です。この話し合いの場には、ロールプレイのやり取りを見守っていた他のメンバーも参加します。今行われたロールプレイのやり取りを聴き、様々な質問をし、どう受け止めたかを述べることで、人がどのように対話を受け取るか、その可能性や多様性に、各人が気づくことになるでしょう。相談員役だけでなく、観察者に回っていたメンバーも含め、参加者全員が、自分の思い込みに気づく手がかりを得られるのです。他方で、複数のメンバーがそれぞれ発言するため、そのたびに話題や視点があちらこちらに散らばりやすくなるという問題も生じがちです。こうなると、相談員役はメンバーの発言をどう受け止めたらよいか混乱することもあるでしょう。また言葉のやり取りが相談員役を越えて、観察者だったメンバー間で生じることもよくあります。

注意してほしいのですが、メンバー同士のやり取りは避けたほうがいいと言っているわけではありません。ただ、この研修では誰が「主役」なのか（こうしたロールプレイの場合、主役は相談員役です）が忘れられてしまうおそれがあると指摘しておきたいのです。メンバーが観察者の役割をはみだすと、話し合いがグループ研修の目的から外れてしまうこともあるのです。

グループ研修でのロールプレイの目標は、第一には相談員役がやり取りにおける自分の「くせ」に気づくことです。そのうえで、メンバーにも様々な「気づき」を得ることが期待されるわけです。こうした目標に向かわず、メンバーが自らの経験や思いにとらわれてしまうということもありがちです。そのことを知っておいていただければと思います。

### (2)グループ研修でのロールプレイ

ここまで、グループ研修では相談員役とかけ手役の二人によるロールプレイを実施することが多い、とお話ししました。ロールプレイとは、かけ手役が相談員役に話をし、相談員役がその話を自分なりに傾聴するというやり取りを、一定時間続けるというものです。事前にかけ手役と相談員役の二人でロールプレイを実施し、相談員役が「逐語記録」を作成して、研修の場で披露する場合もあります。逐語記録とは（録音した）やり取りを、ため息なども含め、一言一句話した通りに起こしたものです。こうすることで参加メンバーは、記憶に頼らず、いつでも正確な情報が確認できます。また、逐語記録をつくることで、相談員役は、かけ手とやり取りするときの自分のくせに気づきやすくなるのです。

このように、自分の話し方や聴き方に現れるくせに気づくことが、グループ研修でのロールプレイの具体的な目標のひとつです。傾聴を妨げている自分のくせに気づき、修正していくことは、傾聴力を高めることにつながるでしょう。この場合、自分自身でくせに気づくことが何よりも大切です。他者から指摘されても、自分自身でくせだと納得しなければ、修正するのは至難の業です。

一方、逐語記録といった形にこだわらずに、研修の場でリアルタイムで行うロールプレイや、相談員役とかけ手役が固定されていないロールプレイなど、多様なロールプレイもあります。こうしたグループ研修では、ロールプレイを終えたのち（時間の都合から、やり取りの途中で打ち切ることが普通かもしれません）、観察者のメンバーも含めて、そのロールプレイについての話し合いが行われます。話し合いの基本は逐語記録での場合と同様です。

逐語記録に基づく場合も、リアルタイムでロールプレイを行う場合も、グループ研修には、ファシリテーターがいることが一般的です。「ファシリテーター」とは、グループでの話し合いがねらいから大きく外れてしまわないようにする進行役です。メンバーが安心・安全を感じながら自由に発言できるよう配慮する役割も担います（この重要性についてはあとで改めて触れます）。専門家が担う場合もありますし、同じ相談員が務める場合は、リーダーや支援相談員とも呼ばれます。

もう一点指摘しておくべきことがあります。ロールプレイの場合には、実際の電話とは異なって、かけ手がその場にいるということです。つまり、相談員役も観察者も、やり取りで疑問に思ったことを話し合いの場でかけ手役に尋ねることができるのです。この点は、ロールプレイによる研修で強調してもしすぎることはありません。長所と言ってもいいでしょう。この長所を活かす研修を心がけたいものです。

### (3) ロールプレイのかけ手役が演技であることについて

グループ研修でのロールプレイの実施に伴って生ずる問題もあります。ロールプレイは実際の電話相談ではないという点について考えてみましょう。実際の電話相談かロールプレイかの違いは、かけ手役が「本物か演技か」の違いと言えます。グループ研修でのロールプレイの場合、ロールプレイ後の話し合いで、かけ手役の話の内容に焦点を合わせるのは、二重の意味で適切ではありません。

第一に、かけ手役は「かけ手として想定している人」の人生を送ってきたわけではないという点です。かけ手役はあくまで「想定したかけ手ならば、こうしたことを話すであろうと想定したこと」を話すわけです。話したこと以外の情報について、かけ手役があらかじめ想定しているとは限りません。観察者がかけ手の内容から推測したことに対する正解がないことも大いにありえます。

第二に、かけ手の話はいわば「創作」です。しかし、やり取りそのものは、相談員役が話を聴く相手として介在したことで「現実」になると言えます。グループ研修のメンバーが経験した「現実」は、相談員役とかけ手役とのやり取りなのですから、かけ手役の話した内容に拘泥すると、かえってその「現実」から離れてしまうことになりかねません。たとえロールプレイであっても、相談員役の人が傾聴という姿勢を目指してかけ手役とやり取りをした結果は、そこにあるわけです。そのことを無視した話し合いは的外れになりやすいものです。ロールプレイ後の話し合いでは、相談員役の人が研修の主役であることを忘れないようにしたいものです。

### (4)逐語記録かリアルタイムか

グループ研修のロールプレイに、逐語記録を作成するものとリアルタイムで実施するものがあることは、すでに述べました。両者は、相談員役が自分のやり取りをじっくり振り返る時間をすでに持っているかどうかという点に違いがあります。

何度もテープを聞き逐語記録をとったあとでは、相談員役の人には、やり取りについて一定の記憶が定着していることになります。その結果として、相談員役の人は、その人なりの気づきや課題を意識することができているとも言えます。ですから、相談員役の人自身も、ロールプレイの逐語記録を作成した場合は、より観察者役に近い立場でその場に臨むことができます。

逐語記録があるということは、単に記録があるというだけではありません。何度もやり取りを聞き返した経験を相談員役が重ねているということでもあります。そうした経験が相談員役の人にとってどのような意味を持ったかが大事にされなければなりません。

他のグループメンバーにとって、逐語記録があるということは、記憶に頼ることなくやり取りの詳細を追えることを意味します。その場で印象に残ったやり取りを取り上げるのではなく、詳細にこだわった掘り下げが可能になるのです。

リアルタイムのロールプレイの場合、逐語記録をもとにした研修とは異なってきます。やり取りが終わった直後は、相談員役もかけ手役も、心の動きがまだ収まらない状態です。これはやり取りの生々しい感情を覚えている状態だということです。一方で、言葉の一つひとつについて克明な記憶は期待できません。そこで、話し合いでは、観察者役の問いかけが重要になってきます。問いかけ方によっては、ロールプレイ実施時の生き生きとした記憶を相談員役に蘇らせることもできます。そうすれば、やり取りについて、相談員役の理解をより深めることが可能になるでしょう。観察者の側も、相談員役の反応を見て、共感を寄せたり、自分なりのとらえ方を深めたりできるでしょう。

## 3　グループ研修でのファシリテーターについて

すでにお話ししましたが、グループ研修では、行われたロールプレイをめぐって多くの人が発言するので、話し合いの焦点が定まらないことがしばしばあります。そのため、様々な発言をどのように相談員役の成長に活かすかについて考えねばなりません。また、メンバーの成長にいかに活かすかという視点も求められます。

研修時間は限られていますので、そうした視点をより意識する存在として、ファシリテーターが求められるのです。裏返せば、そうした役割を果たすのがファシリテーターと言えるでしょう。

ファシリテーターについては、スーパーバイザーとの比較検討を含めて、のちほどさらに詳しくお話ししたいと思います。

## 4 ロールプレイの多様性

グループ研修では相談員役とかけ手役でロールプレイを行うことが多いと思います。しかし、ロールプレイのやり方は多様です。グループ研修では、それ以外のロールプレイを行うことはないかもしれませんが、その多様性について知っておくことも研修の役に立つかもしれません。そこで、様々なロールプレイについて、お話ししておきたいと思います。

### (1)ロールプレイを行う際の原則

ロールプレイに参加するにあたっては、受け手役（グループ研修のロールプレイでは、相談員役という呼び方が普通かもしれませんが、ここではより一般的な表現として「受け手役」という言葉を使います）に焦点を合わせ、受け手役の電話の受け方、気持ちの動き、気持ちの表現の仕方や伝え方に注意を向けましょう。検討するときには、「よく聴けている」「ここは聴けていない」「上手だ」「よい」といった評価的発言は避けましょう。

そして、かけ手役がその場にいて質問に答えることができるのを有効に利用しましょう。ただし、かけ手役の回答がすぐ「正しい答え」になってしまわないようにする工夫が求められます。例えば、かけ手役は最後に語る、その場ですぐ質問に答えない、といった取り決めが、あらかじめ必要になるでしょう。

かけ手役は、様々な質問に対して、できる限り、今行ったロールプレイでの経験に基づいて、グループメンバーの質疑に率直に答える形での語りを心がけましょう。

### (2)シナリオを用いない場合（フリーなロールプレイ）

ロールプレイをあらかじめ録音しておく場合

〈受け手役とかけ手役の決め方〉

ロールプレイを行う前に、受け手役とかけ手役を決めておく必要があります。その決め方については、

①グループで話し合う。

○グループメンバーで役割担当の順番を決める。

○かけ手役と受け手役のペアを決める。

○かけ手役と受け手役のどちらかを先に決め、相手役はその人の指名で決める。

②そのときそのときの希望者による。

〈相談のテーマの決め方〉

①受け手役がテーマ（相談内容）を指定する。
②かけ手役に任せる。
③グループでテーマを話し合って決める。

その場での（リアルタイムの）場合のロールプレイ
〈受け手、かけ手の決め方〉
①その場で受け手、かけ手を決める。
②あらかじめ受け手、かけ手は決めておく。
③どちらか一方だけ、あらかじめ決めておく。
④担当する順番をグループメンバーで決めておく。
〈相談のテーマの決め方〉
①自分の悩みを話すか、自分の悩みを避けるか。
②あらかじめ決めておくか、その場で決めるか。
③かけ手役が考えるか、受け手役が依頼するか、テーマを決める役を決めるか、グループで話し合うか、別に準備しておくか。
かけ手役がテーマを決めるのは、受けた電話に対する自分の対応について考えるのにいいで

しょう。自分がどう応答していいかわからなかった、自分としてはこう応答したが、他のメンバーの応答の仕方について知りたいといった動機です。また、自分が受けた電話について、かけ手側に立って、その気持ちを経験してみたいという場合もあるでしょう。

相談テーマをグループで決めるのは、様々なかけ手の気持ちを経験してみるのに役立つかと思います。この場合、ロールプレイ終了後、かけ手役から最初に発言してもかまわないでしょう。

〈「主役」の決め方〉

①受け手が主役

②かけ手が主役

③受け手、かけ手以外が主役

この場合、ロールプレイでのやり取りをどう受け取ったかについての、各人の受け取り方の違いについての話し合いが中心になるでしょう。

④主役をあらかじめ決めないでおく。

そのときの話し合いの流れによって、主役が生じることもあります。

〈誰がロールプレイを行うか〉

①二人がロールプレイを行い、他のメンバーは観察者になる。

②全員が何らかの形でロールプレイを行う。

(a)受け手とかけ手を固定する場合

複数のペア・グループに分かれて、メンバー全員がロールプレイを行うこともあります。

(b)受け手やかけ手を固定しない場合

かけ手を固定して受け手が変わる場合と、受け手を固定してかけ手が変わる場合と、どちらも変わる場合、つまり受け手とかけ手が次々に変わる場合があります。

〈ロールプレイ実施の仕方〉

①短時間で繰り返しロールプレイをする。

②一組のロールプレイについて、グループメンバーでじっくりと話し合う。

③小グループをつくって別々にロールプレイを行い、のちに経験を共有する。

### (3)あらかじめシナリオがある場合

①シナリオによるロールプレイ（あらかじめ録音して用いる場合）

(2)の「ロールプレイをあらかじめ録音しておく場合」に準じます。ただし、かけ手役がテーマを考える必要はありません。どのようなシナリオにするか、あるいは誰がどのようにシナリオをつくるかが、グループでの話し合いのテーマになりえます。どの程度（例えば長さ）シナリオで縛るかも課題となります。

②その場でシナリオを使う場合

(2)の「その場での（リアルタイムの）場合のロールプレイ」に準じます。

## 5　いのちの電話のロールプレイの原則から離れてみる

### (1)かけ手役はいつ発言してもいい

かけ手役の発言が「正しい答え」とは限らない、という考えが共有されていることが必要となるでしょう。かけ手役の発言は、かけ手役として今ロールプレイを行った、その経験に基づいた発言と受け取ることができます。

### (2)自分の悩みを相談する

グループ研修でかけ手役が「自分の悩み」をテーマとして取り上げないのには理由があります。

①ロールプレイがかけ手にとって納得できる結果になるとは限らない。

かけ手役をやって、「自分の悩み」を話してしまうことで、かえって傷つく可能性があります。

②ロールプレイは必ずしもやり取りを最後まで行うわけではない。

ロールプレイの場合は、途中までしか話ができず、中途半端に終わって、かえって悩みが深刻になってしまう可能性があります。

③かけ手が自分の問題を相談しても、ロールプレイ終了後のケアはない。

逆に言えば、以上の三つの課題がクリアできれば、自分の悩みをテーマにすることが可能になります。話しても傷つかない程度の悩みとか、ロールプレイの話し合いに解決を求めないとか、いろいろ考えられると思います。

### (3)話題がロールプレイから離れる

あらかじめテーマを確認したうえでのロールプレイの場合には、グループメンバーがロールプレイから話題が離れることを承認すれば、別の話題に移ることもできるでしょう。

### (4)受け手役への注目を外す

グループメンバーに注目すべき人がいた場合や、受け手自身が注目されるのがつらい場合など、受け手役への注目をあえて外すことが考えられます。その場合、注目を転換することにグループ内で、あらかじめ合意が求められるのは言うまでもありません。

### (5) 「良い／悪い」「聴けている／聴けていない」を言う

通常のグループ研修では、「聴けている／聴けていない」と発言することは避けるよう心がけられます。それをあえて口に出すことによって、どのようなやり取りを「聴けている」と思うのか、どのようなやり取りを「聴けていない」と思うのかが話し合いのテーマになりえます。そうすることで、グループメンバーのそれぞれが持っている「傾聴についてのイメージ」が明らかになるでしょう。メンバーそれぞれが抱える「聴けている」という感覚の違いに気づき、考えるきっかけになるのではないかと思います。

# Ⅲ　スーパービジョンについて

## 1　はじめに

ここではいのちの電話での研修として重要な「スーパービジョン」についてお話ししたいと思います。多くのセンターは、いのちの電話に関わる相談員に、年に一回のスーパービジョンを受けることを義務づけています。相談員の傾聴力を高めるには、相談員が自身の今現在の傾聴力について気づくことが必要だと書きました。スーパービジョンは、かけ手とどのようにやり取りするかを話し合い、考えることで、自分の傾聴力を振り返る、よい機会となると思われます。

## 2　いのちの電話でのスーパービジョンとは

相談員のスーパービジョンは、スーパーバイザー（スーパービジョンを担う人、以降バイザーとします）とスーパーバイジー（スーパービジョンを受ける人、以降バイジーとします）の二人で実施することが一般的です。バイザーとバイジーは、スーパービジョンを始めるにあたって、まずバイジーが電話を受ける際に課題と感じていることなどについてバイザーと事前に話し合います。その後、バイジーは実際に電話相談につき、電話の終了後、先の課題がバイジーとかけ手とのやり取りの中に出てきた場合には、バイザーはそれを挙げながら、バイジーと話し合いを持つのです。もちろん常にバイジーが前もって課題を提示できるとは限りません。いずれにせよ、こうした話し合いは、実際にバイジーが電話相談を受けた直後に、受けた電話でのやり取りをめぐって行われます。

## 3　いのちの電話におけるスーパービジョンの役割

いのちの電話におけるスーパービジョンの役割について考えてみましょう。大きく二つ挙げられます。
①相談員の気づきを促し、かけ手の思いを傾聴できるよう相談員を支援すること。
②相談員が、受けた電話によって気持ちが動揺したり、落ち込んだり、困惑したりするなど、心理的な負担を感じる場合に、そうした思いをできるだけその場でおろしてもらって、あとに尾を引かないよう支援すること。
いずれの場合も、バイザーはバイジーの支援を目指します。

## 4 いのちの電話でスーパービジョンが必要なわけ

すでに確認したように、いのちの電話のスーパービジョンは、バイジーの相談員としての成長を支援することが目的です。なぜ、バイザーがバイジーを支援するというシステムが必要なのでしょうか。いくつかその理由を挙げてみましょう。ここで思い出してもらいたいのが、グループ研修のロールプレイの説明で指摘したように、相談員の「くせ」を自覚するには、自身の気づきが関わってくるということです。
①相談員は、電話のやり取りの中でかけ手の話に注意を集中しているため、電話をしている最中の「今ここ」での自分の心の動きに気づかずにいることがある。

②相談員自身の心の動きはあまりに速く、かつ自動化していることが多いため、自覚が難しい。
③「自分のくせに気づく」という心の働きは複雑で、意図的に「気づこう」とするには限界がある。
④気持ちの動きはうつろいやすく、相談員が自分のすべての心の動きを記憶しているとは限らない。
⑤私たちの注意の幅は狭く、相談員としてかけ手の話の傾聴に集中し、次に何を話すかに注意を向けていると、第三者であるときと比べ、かけ手の話の一部にとらわれやすい。
⑥以上の結果として、相談員はかけ手とのやり取りについてすぐには思い出せない部分も多くなる。

こうした点を補うために、バイザーと話をすることが有用になります。電話でのかけ手との関わりについて振り返り、気づきを得るため、バイザーの支援が求められるのです。

## 5 自分のくせについて気づくために

自分のくせに気づくためにスーパービジョンがいかに大切か、しかしそれがいかに困難であるかについて、もう少し具体的に考えてみます。すでにお話ししたグループ研修の状況を例として取り上げながら説明しましょう。

### (1)自分のくせに気づくことの難しさ

くせに気づくことについて考えるとき、グループ研修を例にとるとわかりやすいかもしれません。グループ研修でのロールプレイをイメージしてください。相談員役とかけ手役が、それぞれの役割を演じます。このとき、相談員役は、自分のくせにどのようにして気づくことができるのでしょうか。

ロールプレイをしている間、かけ手役の話を傾聴しようとしながら、それ以外のことがいろいろ頭に浮かんだことでしょう。例えば、「やり取りの間に、いろいろなことが頭に浮かんでは消えた」とか、「思い浮かんだことを言葉にしようとした」とか、「言葉をいろいろ探してみたけど、適切だと思える言葉が思いつかなかった」とか、「思ったことを言葉にしてはいけない」とか、「別な言葉で言ったほうがいい」とか、「言おうとしたことを聴いているうちに忘れてしまった」とか、「何も言えなかった」とか、いろいろあったと思います。そうした経験を重ねると「思い浮かびやすい事柄にはかたよりがある」とか「言っちゃいけないことがすぐ浮かぶ」とか、自分が何を思い浮かべやすいか、傾向のあることに気づくのではないでしょうか。

そうした経験は、自分のくせへの気づきの第一歩となります。

しかし、実際のところ、自分が相談員の役割を担ってロールプレイをしているときに、自分の中で浮かんだり消えたりしている心の動きに十分気を配ることは、そう簡単ではありません。皆さんも、ロールプレイの最中にいろいろ思い浮かぶことは経験できても、その中から自分の「くせ」を見出すには至らない場合がほとんどではないでしょうか。

すでに書いたように、心の動きはあまりに速いため、自分で十分気づくこと（意識すること）がそもそも困難です。特にくせは、いわば「自動的」に生じます。そうした自動化された心の動きほど速いのです。私たちの心には繰り返し行うことや繰り返し経験することは自動化してしまう働きが備わっています。自動車の運転免許を持っている人は、運転の練習をしていたときのことを思い出してみてください。運転免許取得のため、初めて路上の練習に出たときは、非常に緊張したのではないでしょうか。隣には自動車学校の教官が座っており、時折話しかけてきます。筆者の経験でも、運転に全神経を集中していたため、教官の言葉に、内心「うるさい。話しかけるな」と思ったものでした。しかし練習を繰り返すうちに、運転がある程度自動化していき、向ける注意も全神経を使うほどではなくなっていったことでしょう。自動車をらくらくと運転しながら、教官の話かけにも応じることができるようになったのではないでしょうか。

さらに気づきを難しくしているのは、「気づく」という心の働きそのものにあります。「くせに気づく」とは、心理学で「メタ認知」と言われる働きです。「今どのようなことが心に浮かんでいるか」だけではなく、それが頻繁に起きるかどうか、一定のパターンがあるかどうかといった、「心に浮かぶ、その浮かび方の規則性」に気づくという働きです。つまり、自分の心の動き方それ自身を判断の対象にする作業になります。

難しい話を聞いたあとに、何か質問はありませんかと聞かれて、そもそも何を質問したらいいのかわからなかった経験はありませんか。それが、メタ認知がうまく働いていない状態です。自分が何がわかっていて何がわからないのか、そのことについて理解していないと、的確な質問はできません。こうした心の働きがメタ認知と呼ばれるものです。メタ認知は、自分の内側にある心の働きそのものを対象にする、より複雑な心の働きですから、頻繁には起きませんし、起こそうとして簡単に起きるものでもありません。

数学を例にとってみましょう。数学は得意な人と苦手な人が分かれやすい科目です。得意な人にとってはごく簡単でも、苦手な人にとっては数字を見ただけで頭が痛くなるしろものです。苦手な人は、そもそも何がわからないかさえわからないのではないでしょうか。それに対して、得意な人は、何がわかっていて何がわからないのかという点を把握できています。問題が解けないとき、何をすればいいのかさえわからないのと、公式Aを使えば解けることはわかるが公式Aがあやふやなため解けない、というのとでは大きな違いがあるでしょう。

自分のくせに気づくためには、こうした複雑な心の働きが関係しているのだということがわかっていただけたでしょうか。

もうひとつ、心の働きを把握するのが難しい、間接的な理由についてもお話ししましょう。それは「憶えている」とはいかなることかに関わっています。自分のくせに気づくには、くせとして現れる自らの言動そのものを憶えている必要があります。これがなかなか難しい。

まず第一に、心は移ろいやすいということが挙げられます。心は次々と動いていくため、一つひとつの動きをその変化に合わせて全部憶えているのはそもそも困難です。ある瞬間は気づくことができても、次の瞬間すぐに忘れてしまうかもしれません。瞬間々々の心の動きが記憶されていなければ、心の動きのくせにまで思いが至らないのは当然です。

第二に、私たちの注意には限界があるということです。私たちは聖徳太子ではありませんから、たくさんの人の話を同時に聴いて理解することはできません。あることに注意が向くと、別のことへの注意はおろそかになります。そこで、私たちの心には、注意の働きの狭さをカバーするため、注意をあまり向けないですむならば、できるだけ注意を払わないですませようとする傾向が備わっています。注意を払わなくともスムーズに行えるようになるのが、心の自動化と言ってもいいでしょう。先ほどの運転技術の向上の話を思い出してください。特に必要でない限り、私たちは行動するとき、自動的な心の働きに任せているのです。どのような働きが自動的になるかは、人によって微妙に異なります。それがくせだと言ってもいいでしょう。

注意にはこれまで述べたような量の問題があるだけでなく、方向の問題もあります。注意の向け方は人によって異なります。同じところにいて、同じことを経験したはずなのに、人によってあとから思い出してみると必ずしも一致しないということが起きるでしょう。これは、そのとき注意を向けている物事が人によって異なるからなのです。例えば、人とすれ違ったとき、相手のどこに注意を向けるかによって、何を憶えているかが変わりますよね。顔を憶えている人、服装を憶えている人、体格を憶えている人、いろいろですが、それは注意の向け方が人によって違うからです。なかにはすれ違ったことさえ憶えていない人もいるでしょう。自分の周囲の人に関心が向かなければ、そういうことも十分起こりえます。

自分のくせに気づくということは、普段自分で意識してしないことを意識化するという作業です。憶えていないこと、記憶から取り出そうとはしてこなかったことを取り出してみる作業を一人で行うのがいかに困難か、わかっていただけるのではないでしょうか。

## ⑵誰がくせに気づくのか

ところで自分の中に生じた体験については、それを経験した本人にしかわかりません。周りの人には見えませんし聞こえません。例えば、グループ研修のロールプレイで相談員役がどのような体験をしているのかは、かけ手役には見えません。相談員役として言葉に出したことだけがかけ手役や周りの人に伝わります。周りにいる人は、かけ手役と相談員役の間の言葉のやり取り（パラ言語［沈黙、アクセント、イントネーション、ため息など、発話に伴う情報］や、ロールプレイのやり方によっては非言語的なもの［実際の電話では非言語的な情報はありません］も含みます）の流れの中でのみ、かけ手役と相談員役の間の気持ちのやり取りがどのように動いていったかを想像しています。

観察者の立場にいる人は、相談員役とかけ手役の両方のやり取りを、いわば第三者の立場で聴いています。こうした人たちは、自分が応答する必要はなく、聴くことに集中しています。そのぶん、注意の量に余裕がありますから、自分の心の動きとは異なるやり取りに気づきやすいと言えましょう。気づいたときにそこに注意を向けるのも容易ですから、憶えていやすいでしょう。相談員役のくせに気づきやすい立場にあるのです。

観察者が、ロールプレイで行われた実際のやり取りと、自分の心の動きの開きに気づくということは、すなわち、やり取りから推測される相談員役の心の動きと、自分の心の動きとの違いに気づくということです。それが相談員役のくせを示す手がかりになるかもしれません。もちろん、観察者の側のくせである可能性もありますが。いずれにせよ観察者がロールプレイのやり取りを聞いていて、何かしら「心に引っかかり」を憶えたとすれば、それはグループ研修において大変重要である、とは言えるでしょう。

「心に引っかかる」とは、例えば「かけ手役の言葉の受け取り方が違うのでは？」とか、「かけ手役がこう言ったのに、どうしてこう返したのか？」とか、「あっ、これは相談員役の人の意見だ」とか、「私はこっちのほうが気になる」とか、「こんなことを聞いてみたくなった」とか、「黙っているのは、何か考えているからだろうか？」とか、「私はこう言いたくなった」など、いろいろありうると思います。こうした気づきは、言葉で表現され、確認がなされないままですと、どういうことだったのかが誰にもわからないままになってしまいます。心に引っかかったことが、観察者によって意識化され、言葉にされ、相談員役やほかの観察者に伝わることで初めて、くせの気づきへとつながりうるのです。もちろん、そうした引っかかりが、観察者側の勘違いである場合もあるでしょう。

ここで大切なのは、気づきそれ自体ではなく、そうした気づきが意識化され、言葉に出されることです。その気づきが相談員役のくせに関わるものなのか、引っかかりを覚えた側のくせに関わるものなのか、それとも両方に関わるものなのか、あるいはくせとは別のものなのか、それはわかりません。グループメンバーが互いに言葉を交わすしかないでしょう。

いずれにせよ、相談員役が気づけず、憶えていられないくせについて気づくきっかけを、観察者が提供できるということは確かです。

### (3)自分で思い出せないことを思い出す

言葉に出してみることの効能は、気づいたことについて確かめてゆく点ばかりではありません。相談員役でもかけ手役でも観察者でも、ロールプレイのやり取りすべてを即座に思い出せるわけではありません。私たちはレコーダーではないのですから。ロールプレイの最中の心の動きについても、どこまで思い出せるか、心もとないものです。しかし自分から積極的に思い出せないことでも、記憶に残っていないとは限りません。記憶にはあるが思い出せないだけという場合もたくさんあります。手がかりさえあれば、頭の中に浮かんでくる場合もあるのではないでしょうか。日常の会話でも話しているうちに「そういえば」と思い出すことがありますよね。

相談員役は、相手の話を聴くことに一生懸命で、どう応答したらいいかを考えることに夢中になって、いろいろなことが頭に浮かんできてもそのまま先に進んでいってしまうといった流れを経験していることでしょう。それに対し、観察者は、すでに書いたように、応答する必要がないだけ、二人のやり取りに集中でき、やり取りを憶えているものです。「心に引っかかった」やり取りで、相談員役がどんなことを感じたり考えていたりしたのか、確かめてみれば、相談員役もそのときの自分の心の動きを思い出せるかもしれません。思い出して少しずつ言葉にすれば、「そのときの思い」が浮かんでくることもあるでしょう。ロールプレイ後の話し合いが有用というのはそういうところにもあるのです。

### ⑷くせへの気づきから思いの表現へ

「心に引っかかる」と言いました。観察者の人が、「引っかかり」を言葉で表現してみること、相談員役の人のどの言葉に引っかかったのか思い出してみること、引っかかったときの気持ちを思い出してみること、相談員役の人はどのような思いで、自分が引っかかったその言葉を出したのか想像してみること、こうした過程は、観察者自身や相談員役のくせへの気づきの手がかりとなるだけではありません。観察者自身の中にどんな思いが湧いていたのか、どんな心の動きがあったのかへの気づきをもたらす過程でもあります。

観察者の心の動きは、相談員役とかけ手役のやり取りについていかに聞き取り、それを自分の中のくせによってどのように受け止めたのか、その結果として生じます。だからこそ、自分の心の動きを言葉にし、相談員役やかけ手役や、自分以外の観察者の人たちとやり取りをすることで初めて、「引っかかる」自分の心の動きの意味が明らかになってくることもあるでしょう。

それは、相談員役やかけ手役にとっても同じです。相談員役とかけ手役のやり取りも、言葉を通じてしかできません。かけ手役の思いを相談員役の人がどう受け取っているかについては言葉に出して伝えることしかできないのです。また、かけ手役が相談員役の言葉をどう受け取ったのかについても、言葉にすることを通じてしか、伝えることはできません。ですから、自分の中に生まれて動いている思いを言葉にすることは、相談員役ばかりではなく観察者にとってもとても大切で、練習を通じて皆でそれぞれのくせに対する気づきを深めようというのがグループ研修なのです。

長々と自分のくせへの気づきについてお話ししてきました。話を戻すと、スーパーバイザーの仕事は、いろいろと例を挙げて説明した点に関わっています。研修の様々な過程において、生じてくる思いを言葉にし、気づきを進めるお手伝いをするのです。思いを表現するやり方についてお手伝いする、と言ってもいいでしょう。スーパービジョンの主役はバイジーなのですから。バイザーは、グループ研修で行うロールプレイにおける観察者の立場にいることになります。

## 6　スーパービジョンの実施の仕方（一対一のとき）

スーパービジョンの実施の仕方は一通りしかないというものではありません。次に挙げるような具体例は、いずれもバイザーとバイジーが二人で行うことを念頭に置いています。

①バイジーは、自分が受けた電話相談の終了直後にバイザーと話し合う。このやり方が最も一般的です。
②バイジーは、自分が受けた電話のやり取りを録音したものをバイザーと一緒に聞き、話し合う。
③バイジーは、自分が受けた電話の逐語記録をしたものをもとにして、バイザーと話し合う。
④バイジーは、自分が受けた電話のやり取りについて自分の記憶に基づきながらバイザーと話し合う。

## 7　いのちの電話の電話相談としての特殊性、限界性とスーパービジョン

いのちの電話での、スーパービジョンのもうひとつの役割について、お話ししましょう。い

のちの電話には様々な悩みの電話がかかってきます。なかには悩みとは言えない電話もあります。電話を受けることで困惑したり、不快に感じたり、ショックを受けたり、無力感にさいなまれたり、むなしさを意識したりなど、相談員が様々なネガティブな体験と付き合うこともまれではありません。

いのちの電話におけるスーパービジョンのもうひとつの重要な役割がそこにあります。すでに「対応に困難を覚える電話」で具体的な対応についてお話ししました。対応に困難を覚える電話は、相談員にとってネガティブな体験につながる可能性が高いものです。第一部で書いたように、いのちの電話は原則としてかけ手主導になります。このような電話はお断りとあらかじめ決めておくことは原則として難しいのです。ネガティブな体験となるような電話を受けることも十分ありうるわけです。ここでは、そうしたネガティブな体験という視点から、電話相談を取り上げてみましょう。

### (1) 性の電話

性に関わる電話の場合、性の悩みを「人間の悩み」として聴けるかどうかがポイントとなると思われます。性に関わる相談員一人ひとりの思いを、バイザーがどう受け止めることができるかが鍵になるでしょう。性についての価値観や考え方は、人によってずいぶん異なるものだからです。ただ、かけ手の性の悩みも多様ですので、たとえそれが悩みだとしても、傾聴が難しい場合もありえます。性に関わる電話の場合、悩みとして受け止めることができるかどうかの食い違いが相談員の不快感につながることもあります。バイザーからすれば、そのことを十分受け止める必要があるでしょう。

性の電話でのやり取りの具体例は、第一部のⅢ-3に示しました。参照してください。

**(2) 頻回通話者の問題**

「前に聞いたことがある」とか「またこの人か」といった経験をしたことがある相談員も多いと思います。こうした経験はネガティブな感情につながりやすいでしょう。そうした体験にまつわる話題をいくつか取り上げてみましょう。

①頻回なのは「いのちの電話依存症」ではないか

「いのちの電話依存症」という病気があるのかどうか、筆者は知りません。ただ、こうは言えると思います。かけ手が自分をある種の「病気」であると語り、そのことで悩んでいるとすれば、その話を傾聴することができます。しかし、かけ手がある種の「病気」であるかどうかについては、相談員が判断する必要はないように思えます。病気かどうかの判断は医師がするものだからです。ただ、電話依存症ではないか、という思いが浮かんでくるとすれば、それは相談員自身の価値観が問われているのではないでしょうか。そうしたことを思い浮かべることが相談員自身にとってどのような意味を持つのか、バイザーと話し合うテーマになると思います。バイザーとの話し合いを通じて、自分の価値観を理解するきっかけになればと思います。

②甘えさせる必要はないという思い

頻回に及ぶかけ手はいのちの電話に甘えている、と感じることもあるでしょう。そうした思いには、そのようなかけ手の話は悩みではない、あるいは大した悩みではないという理解が伴うようにも思います。しかし、いのちの電話に電話をかけてくること自体が悩みの現れと考えることもできるのではないでしょうか。頻回にかけてくることが甘えかどうか、また甘えさせる必要があるかどうかというのは、いずれも相談員の側の判断にすぎません。それが少なくとも傾聴を妨げてしまう可能性を持つ判断だという理解は、相談員にとって必要でしょう。かけ手の思いにどう寄り添えるかは、これもバイザーとバイジーの話し合いのテーマになりうると思われます。

③同じ話を何回も繰り返すのでは進歩がない（無力感につながる）

進歩がないのでは、無力感を覚えるといった感覚の背後には、「かけ手の悩みを何とかしてあげたい」という思いがあると思います。ただ、それに加えて、進歩しなければいけない、という考えもあるのではないでしょうか。ひょっとすると、進歩させられない自分と直面したくない、という考えが潜んでいるかもしれません。あるいは、「進歩（その意味合いは、人によって様々かもしれませんが）できないこと」そのものが、かけ手を悩ませているのかもしれません。こうした相談員の思いについて、どうぞバイザーと話し合ってみてください。

④いのちの電話にかけてくることが、かけ手の解決を遅らせているのではないか

この思いも③とつながるのかもしれません。どのような進歩か、誰にとっての進歩か、そもそも進歩しなければいけないのか、解決するのは誰か、ということを考えてみてください。相談員がかけ手にかわってあげることはできないのです。そのことを含めて、バイザーと話し合うことをお勧めします。

### (3)危急の支援（危機介入）における限界

特に「死」という言葉を耳にするショックは大きく強いものです。すぐにでもかけ手のそば

に駆けつけたい気持ちになるかもしれません。ですが、いのちの電話では、実際に助けに行くことはできないのです。死の思いを訴える電話は長時間の対応になりやすく、その点でも相談員の疲労は大きくなります。また、そうした電話の場合、電話を切ってからも、相談員はかけ手の状況を気にかけることがしばしばです。電話が終わったあとで、バイザーには、十分に時間をとってバイジーの思いを受け止め、ねぎらうことが求められるでしょう。時に課題に関する事前の話し合いで、バイジーが以前に受け、その重荷がいまだ続いている電話について話題にのぼることもあります。そうした話題を受け止めるのも、バイザーの役割でしょう。

危機介入や自殺をほのめかす電話でのやり取りの具体例は、第一部のⅢ－1と2に示しました。参照してください。

相談員は、好むと好まざるとにかかわらず、重い気持ちにならざるをえない電話をいつかは必ず受ける立場にあります。そうした相談員の困難に付き合い、寄り添い、心の重荷をおろすための手伝いも、スーパービジョンには求められているのです。

# Ⅳ　相談員の傾聴力を高めるための研修

## 1　相談員の傾聴力を高める条件

第二部の冒頭で、いのちの電話における研修の目的は、第一に傾聴力を高めることだと書きました。ここでは、傾聴力を高めるためにどのようなことが考えられるかについて、お話ししたいと思います。

ここで言う「相談員の傾聴力を高めるための研修」とは、「相談員がより傾聴できるようになるための研修」と理解してください。そうした研修を考えるために必要な、三つの条件を挙げておきましょう。

### ⑴現在の自分の傾聴力を把握する

特にいのちの電話で相談員としてやり取りするとき、自分がどのように相手の話を聴いているのか、どのような方向で話を進めやすいか、どのような言葉を使いやすいか、どのようなやり取りで傾聴しやすいか（「つらい」とかけ手が語る場合に共感しやすいなど）、どのようなやり取りで傾聴しにくくなるか（かけ手が欲求不満を訴える場合に共感しづらいなど）のように、自分の今現在の傾聴力について、具体的な気づきや理解が必要になるでしょう。自分の現在の水準がわからなければ、何をどう変えていけばよいかもわかりません。

### ⑵具体的なやり取りを身につける

今現在の自分の傾聴力を把握したうえで、どのようなやり取りができれば傾聴が成り立つかについての具体案を立てる必要があります。例えば、かけ手が悩みの話をしているときに、「それはつらいですね」と相談員の思いを言葉にしてぶつけるのではなく、「あなたはつらい思いをしているのでしょうか？」と問いかけるようにするといったように。立てた具体案に沿って練習を繰り返せば、傾聴力を高めていくことができるでしょう。

### ⑶それ以外

傾聴力には、かけ手がこう言ったらこう返すといった「スキル」（技術）の要素と、かけ手を人間的に尊重する態度を崩さないといった「姿勢」の要素があります。スキルの部分は、練習による繰り返しが最も効果的でしょう。一方で、姿勢の部分は、練習よりも、経験を積み重ね、自分や他者への理解を深めていくことが重要です。

## 2　自分の傾聴力に気づく方法

### ⑴今現在の傾聴力に気づく直接的方法

①自分で自分のやり取りを振り返る

今現在の自分の傾聴力に気づくには、まず、自分のやり取りを振り返ってみることです。そのためには、ロールプレイでかまいませんから「傾聴したつもりの自分のやり取り」を記録し、聞き返すのが手っ取り早いでしょう。録音でも録画でもかまいません。逐語記録を作成するのも、そうした振り返りをより深める方法のひとつです。逐語記録には、何回も自分とかけ手のやり取りを聞き直す作業が必要になるからです。

自分のやり取りを振り返ることで、今現在の傾聴力に気づく可能性があります。一方で、この場合、自分で気づけないことに気づくことはありません。禅問答のようですが、この場合の「気づき」は、自分で考えた「傾聴」のイメージに、実際のやり取りがどの程度対応しているかどうかで生じます。ですから、傾聴についての考えに対応しないやり取り（事柄）は、見過ごされ、気づくに至らないということになります。

当然ですが、自分自身でやり取りを振り返る場合、自分の持つ傾聴についての考えを超えるような気づきは難しいのです。

②他の人からフィードバックしてもらう

自分で気づけないようなことに気づくには、記録したものを他の人に提供して、気づいたことや感想や質問をフィードバックしてもらう方法があります。スーパービジョンは「リアルタイムでの自分とかけ手のやり取りという材料を、一人の相手に提供するという条件のもとで頂戴するフィードバック」と考えることができます。

グループ研修でのロールプレイは、提供する材料こそスーパービジョンと異なりますが、多くの人からフィードバックをもらえるやり方ということになるでしょう。

## ⑵今現在の自分の傾聴力に気づく間接的方法

①メンバー間のやり取りの観察で気づく

ロールプレイで他の人が行う相談員役とかけ手役とのやり取りを観察することで、自分のやり取りの特徴に気づくこともあります。グループ研修でロールプレイを行う場合、ロールプレイに参加しないメンバーは、相談員役にフィードバックを提供する立場ではありますが、同時に提供されたロールプレイの観察や、相談員役に対する他のメンバーのフィードバックを通じて、今現在の自分の傾聴力に気づくこともできるのです。

②かけ手役の経験から気づく

かけ手役になることは、それ自体が貴重な経験です。相談員の応答によって、どんなふうにかけ手が感じるのかを直接体験する機会を通じ、かけ手についての理解を深めることができるでしょう。

実は、そのことが、自身の今現在の傾聴力に気づく手がかりを与えてくれる可能性すらあります。かけ手の立場に身を置くことで、どのような言葉がかけ手に「よく聴いてもらえている、わかってもらえている」という感情を生じさせるか理解でき、自分が使っている言葉を振り返るきっかけをつかむことにつながることもあるのです。

## 3　傾聴力を高めるための研修

### (1)傾聴力を高める直接的方法

①やり取りを繰り返し練習する

相談員の皆さんは、傾聴について勉強してきていますし、実践の経験も積んできています。それでも、いつでも十分に傾聴ができているとは思っていないでしょう。あとから振り返って反省しきりということもあると思います。こうした反省は、私たちの中にある傾聴についての考えと、電話でのかけ手とのやり取りとのズレや食い違いから生じるものです。傾聴力を高めるとは、こうしたズレを極力小さくするように、電話での応答を変化させていくことにほかならないでしょう。

実際の電話でのかけ手とのやり取りは流れていくものだと、すでに書きました。やり取りの流れを変えることは、スポーツに似ているとも書きました。かけ手とのやり取りにおいて「なんて言おうか考える」時点で、すでに流れに乗れていないわけです。また考えたからといって、傾聴に対応する言葉を思いつくとも限りません。考えていなくとも自然に（ほぼ自動的に）応答できるようになることが望ましい。スポーツ同様、今現在の傾聴力を大切にしながら、他の部分も高めるよう、具体的なやり取りを繰り返し練習する必要があるということになります。

具体的には、どのような練習が望ましいのでしょうか。例えば、ロールプレイの相談員役をやってみて、傾聴できていなかったやり取りを確認し、どのようなやり取りをすれば、かけ手が傾聴してもらっていると感じるか、グループメンバーやかけ手役と話し合ってみてはどうでしょう。ヒントが得られるはずです。

②傾聴力を支える姿勢に働きかける

「気づきは、自分で考えた傾聴のイメージに、実際のやり取りがどの程度対応しているかどうかで生じる」と書きました。実際の電話相談では、かけ手とのやり取りが傾聴のイメージから外れないように心がけながら、やり取りが行われると考えられます。傾聴とみなすことができる応答も、こうした傾聴のイメージに沿った形で行われているのでしょう。

もしそうであれば、この傾聴のイメージ自体に働きかけ、変化させれば、かけ手とのやり取りにも変化が起きるかもしれません。この場合、必ずしも今現在の傾聴力に対する洞察は必要ありません。ロールプレイで、相談員役のやり取りを観察していて、自分のレパートリーにはなかった応答の仕方に気づき、取り入れるというような場合が、この「傾聴のイメージへの働きかけ」に近いのではないかと思います。

## (2)傾聴力を高める間接的方法

傾聴力には、「スキル」の要素と「姿勢」の要素があることはすでに書きました。その際、姿勢としての傾聴力には、練習よりも、自分や他者の理解を深めるといった経験の積み重ねが重要であると述べたかと思います。ここで言う間接的方法とは、傾聴力を生み出す「姿勢」に働きかけるやり方です。

姿勢としての傾聴力とは、具体的な今現在の傾聴力を生み出しているもの、つまり、相手を人間として尊重しようとしているといった関わり方の基本姿勢を指しています。

私たちは、関わる相手に応じて言葉遣いや態度などを変えます。別人になるわけではありませんが、一定の幅をもって相手によって態度を変えるでしょう。それを可能にしているのは、人との関わりについての基本姿勢を持っているからです。この基本姿勢は、他人は信用できるとかできないとか、私たち一人ひとりが持っている人間観とも密接につながっています。自分が抱いている、人との関わりについての基本姿勢や人間観についてより深く知ること、そうした基本姿勢や人間観が、他人と自分とでは異なっていることを踏まえて理解を深められれば、傾聴力の姿勢にも影響するのではないでしょうか。

人との関わりについての基本姿勢や人間観、価値観などをつくりあげる要因は無数にあります。そうした多様な人間観に触れ、自分と違う考え方や生き方に寛容な態度をつくりあげてゆくことは、いのちの電話の相談員としての傾聴を支えるうえで、とても大切なことです。

## 4　傾聴力とロールプレイ

ロールプレイは傾聴力を高めるのに、どのように寄与するのでしょうか。グループ研修でロールプレイを実施する場合について、改めて考えてみましょう。傾聴力を高める前提条件である、「今現在の自分の傾聴力に気づく」「傾聴の具体的なやり取りを身につける」の二つは満たしているとします。

### (1)グループ研修で今現在の傾聴力に気づく直接的方法

「自分で自分のやり取りを振り返る」（Ⅳ－2－(1)－①）ことは、グループ研修で実施するロールプレイを、あらかじめ事前に行い、それを録音して逐語記録を作成することに相当すると思われます。逐語記録をつくらなくても、相談員役が事前に録音した自分のロールプレイを前もって聞き、グループ研修時にそのロールプレイを披露する前に自分なりの気づきや課題について話す、といったやり方も考えられます。この場合、前もってロールプレイを録音しておく必要があります。

次に「他の人からフィードバックしてもらう」（Ⅳ－2－(1)－②）とは、グループ研修ではロールプレイ後のグループでの話し合いに相当するでしょう。その際どのような材料を提供するか（逐語記録か録音か、リアルなロールプレイかなど）、どのような方法でフィードバックしてもらうか（感想を言ってもらうか、質問してもらうか）、誰から受けるか（メンバー全員から順番にか、発言したい人からか）など、様々な組み合わせが考えられます。

それぞれの場合について、詳しくお話ししましょう。提供する材料については、①のように、あらかじめロールプレイを録音しておきそれを再生する、あるいは録音と逐語記録を提供する、逐語記録だけを提供する、その場でロールプレイを行うといったやり方が考えられます。その場でロールプレイを行う場合にも、同時に録音するといった選択肢もありえます。

フィードバックの方法については、気づいたことがあったメンバーがフィードバックするか、全員が必ずフィードバックするかという選択肢があるでしょう。また、誰がいつしてもいいとするか、あらかじめ順番を決めておくか、かけ手役からのフィードバックはいつにするかといった順番に関する問題もあるでしょう。ロールプレイを録音していた場合には、録音をそこで再生するかどうかという選択肢もあります。また、「よく聴けているとか良い悪いといった評価はしない」といったフィードバックの仕方についても判断は分かれるでしょう。

なお、誰からフィードバックを受けるかについては、グループ研修の場合、全員からかどうかを別にすれば、ほかの選択肢はなさそうです。

### (2)グループ研修で傾聴力に気づく間接的方法

「メンバー間のやり取りの観察で気づく」(Ⅳ－2－(2)－①)を取り上げましょう。これは、相談員役以外のグループメンバーが自ら気づくということです。ロールプレイの過程やフィードバックの過程でこうした気づきが生ずることは、十分にありうることで、直接的方法に準じると考えていいでしょう。

次に、「かけ手役の経験から気づく」(Ⅳ－2－(2)－②)ですが、かけ手役が存在する場合には、これはかけ手役自身に生ずることなので、それを言葉に出してもらうかどうかという違いがあると思われます。

### (3)グループ研修で傾聴力を高める直接的方法

「傾聴力を高める直接的方法」(Ⅳ－3－(1))について考えてみましょう。

まず「やり取りを繰り返し練習する」(Ⅳ－3－(1)－①)について。ロールプレイをしている最中にこの練習はできないと思いますが、再生途中ならば一旦再生を止め、今聞いた録音に基づいて、具体的なやり取りを練習してみることは可能でしょう。ただ、これまでのグループ研修では、この方法はあまり実施されていないかもしれません。「傾聴できていない」との気づきが生じたやり取りについて、ではどのような応答ができる可能性があるかについて、具体的に応答を考えてやってみるといったやり方は、今後必要に応じて取り入れてみるのもいいでしょう。

「傾聴力を支える姿勢に働きかける」（Ⅳ－３－(1)－②）については、次のようなことが考えられます。ロールプレイのやり取りを材料にして、積極的に「○○とかけ手が話したことに対して××と応じたのは、傾聴とは言えない感じがする」と自分の傾聴の感じ方についてメンバーに伝え、メンバーの感じ方を伝え返してもらうのです。このように、具体的なやり取りに基づいて、傾聴について話し合いましょう。ロールプレイでのやり取りが傾聴できているできていないといった議論をするのではなく、具体的なやり取りを材料にして、それをどう感じるかについて話し合いを煮詰めていくことが大事だと思われます。これも、ロールプレイのやり取りが前提になるので、グループ研修で行われる、ロールプレイ後の話し合いのあり方のひとつでしょう。

### (4)グループ研修で傾聴力を高める間接的方法

最後に「傾聴力を高める間接的方法」（Ⅳ－３－(2)）です。取り上げたのは、グループ研修で行っているロールプレイとは別のものとなるでしょう。グループ研修で行われているロールプレイは、今現在の自分の傾聴力のありように気づくこと、傾聴力を高めることに寄与するものです。

他方、「傾聴力を高める間接的方法」は、いのちの電話においては、グループ研修以外の研修で可能になると思われます。それは例えば全体研修かもしれません。場合によっては、いのちの電話で開催される以外の研修や講演会などかもしれません。

私たちの「人との関わりについての基本姿勢」や「人間観」や「価値観」などに影響する場は多種多様と思われます。人の多様さや様々な人間観や価値観に触れることで、自分と違う考え方や生き方により寛容になり、それが傾聴力を高めることにつながると考えていいでしょう。それは研修や講演会に限らず、読書やＴＶ・ビデオの視聴、音楽を聴くことなど、幅広い活動を含んでいると思います。

# 第三部　いのちの電話の相談員を取り巻く活動

# I　いのちの電話でのファシリテーターの役割

## 1　はじめに

ここでは主に、グループ研修における「ファシリテーター」(「リーダー」や「支援相談員」「専門職」など、センターによって呼び名はいろいろかと思います) の役割に焦点をあててお話しします。

グループ研修でのロールプレイには、逐語記録に基づくもの、リアルタイムで行うもの、受け手とかけ手を固定せずに行うものなど、様々なものがあるかと思います。いずれにせよ、研修が目的に沿ったものになるように、「ファシリテーター」と言われる役割を担う人が不可欠です。いのちの電話のグループ研修におけるファシリテーターの活動と役割について考えてみましょう。

## 2　ファシリテーターとは何か

「ファシリテーター facilitator」とは「会合などの進行役」を指す言葉ですが、もととなる“facilitate”には「容易にする」「促進する」「手助けをする」「手伝う」といった意味があります。つまり、グループ活動の場合、ファシリテーターとは、グループの活動を「支援促進する人」ということになるでしょう。グループ活動の目的に応じて、その実現に向け、メンバーの活動を「支援促進する」わけです。

いのちの電話の場合、グループ研修の最終的な目的は傾聴力を高めることと、相談員同士の絆を強めることですから、ファシリテーターはそうした目的が実現するように、メンバーによる活動を支援促進する役割を担うのです。つまり、メンバーの気づきや成長を促す人ということになるでしょう。

注意していただきたいのは、ファシリテーターは促し支援するのであって、メンバー一人ひとりの主体性を尊重することが鉄則です。あくまで脇役であって、指導者や教師、グループの活動を引っ張っていく者ではないのです。そのことは肝に銘じる必要があります。

## 3　ファシリテーターの心得七か条

人間関係トレーニングの専門家である南山大学名誉教授の星野欣生《よしお》さんは、津村俊充、石田裕久編『ファシリテーター・トレーニング―自己実現を促す教育ファシリテーションへのアプローチ』（ナカニシヤ出版、二〇〇三年）という本の中で、グループにおけるファシリテーターの心得を、以下の七つにまとめています。

①相手の立場に立って、自分の心の動きに気づきつつ、その場にいる

ファシリテーターの心のあり方について「相手の立場に立つ」「自分の心の動きに気づく」の二つを挙げ、同時に必要に応じて柔軟に反応するようにというのです。あえて「その場にいる」ことを強調するのは、その場で起きていることに余分なことを考えずに向き合うことが大切だからです。

②その場で起こっていることを、できる限りありのままに受け止め、状況を把握する

①と重なるところもありますが、「解釈」ではなく「できる限りありのままに受け止め」るという姿勢を強調しています。「状況を把握する」とは、ある特定の人の立場に立つの

ではなく、メンバー同士の関わりや場の雰囲気も含め把握しようとする姿勢を心がけるということでしょう。

③状況に応じて柔軟に行動する（時に勇気と決断が必要）

「勇気と決断」とは重い言葉です。あとで説明しますが、フィードバックの際にも、場合によっては勇気と決断が必要になるかもしれません。

④いつも双方通行のコミュニケーションを心がける

「双方通行」とは「一方通行」の反対を意味します。必要に応じて、適切にわかりやすい言葉で伝え、いつでもメンバーからの言葉に耳を傾ける。そして、メンバーの言葉に対して、自分の受け取った思いやそのことによって生じた自分の心の動きなども含め、正確に伝え返すよう心がけるということです。さらには、そうしたやり取りがいつでも可能だという雰囲気をつくり出すことも含まれるかもしれません。

⑤できるだけ相手を分析したり評価したりせず、ありのままに受け入れる

「できるだけ」とあるのは、私たちは、一人ひとり自分なりの価値観や評価基準を持っており、そうした枠組みからまったく影響を受けずにいることは困難だからです。とはいえ、姿勢として「分析したり、評価したりせず、ありのままに受け入れる」よう心がける必要があるということでしょう。

⑥自分の思う方向に相手を動かそう（操作する）とするような言動をしない
「操作」という言葉は耳慣れないかもしれません。自分の意図通りに相手に思わせたり、振る舞わせたりしようとすることと理解すればよいでしょう。「〇〇したほうがいい」とか「〇〇とか××とかすることも可能でしょう」といった物言いなどが代表的ですが、「あなたは〇〇がしたいのですね？」とか、「あなたが〇〇できるのはとても素晴らしいですね」といった言葉も、文脈によっては操作と受け取られる可能性があることを知っておきましょう。

⑦親密さをもって、楽観的、開放的な姿勢で関わる
メンバーに安心感を与え、ファシリテーターや他のメンバーに心を開きやすくすると、それぞれが自分を見つめやすくなり、気づきも生じやすくなります。

こうした心得について、すべてできなくてはならないと構える必要はありません。ただ、こうした姿勢が、メンバーの気づきを促し、相談員としての成長を支援するために必要であることを理解していただければと思います。

## 4　ファシリテーターの働き

では、こうした姿勢で関わることによって、どのような働きが期待されるのでしょうか。星野さんと同じ南山大学名誉教授の津村俊充さんが、同じ本の中でファシリテーターの六つの働きについてまとめています。

①気づきの促進

メンバーは体験から様々な「データ」を拾い出す（気づきを得る）ことができます。ファシリテーターの働きは、それを支援促進することです。そのために、例えばファシリテーターからは次のような質問が考えられるでしょう。

・あなたは何をしましたか？　何をしませんでしたか？
・あなたはその体験の中でどんなことを感じましたか？
・あなたはどんなことを考えましたか？

②分かち合いの促進

メンバー間で、体験したことから気づいたデータをお互いに報告し合いましょう。自分の気づいたことを今伝えられる範囲で伝え合うよう働きかけてみてください。ファシリテーターからの働きかけとして次のような質問が考えられます。

・他の人も同じ反応をしましたか？　違いがありますか？　お互いに確認してみましょう。

・互いに、どんなふうに影響を与え合っていましたか？

③解釈の促進

個人やグループから出てきたデータの意味を明らかにしましょう。ファシリテーターが解釈するのではありません。①と②を通じて得られたデータの意味をメンバー自身が考えるのです。ファシリテーターからは、次のような問いかけが考えられます。

・それはどのように説明できますか？

・あなたにとってそれはどのような意味がありますか？

・なぜそのようなことをしたのでしょうか？

④一般化の促進

メンバーが、そのデータからより一般的な傾向を考え出すよう働きかけましょう。ファシリテーターからの問いかけとしては、次のようなものが考えられます。

・そのことからあなたは何を学びましたか？

・それは他の体験とどのように結びついていますか？

・どのような原理や法則が働いていると思いますか？

⑤応用の促進

メンバー自身が自らの一般的傾向として理解したものを、新しい状況の中で検証する仮説や、変えるための行動や目標を考えるよう働きかけましょう。例えば、ファシリテーターは次のように問いかけることができます。

・学びをそんなふうに他の場面に応用できますか？
・あなたの課題や行動目標には、どのようなことが考えられますか？
・あなたにとってそのことをさらに伸ばすには、どのようなことが考えられますか？

⑥実行の促進

メンバーが仮説を立てたことを実際に試してみる場をつくったり、実行したりすることができるように支援しましょう。ファシリテーターの問いかけの例には次のようなものがあるでしょう。

・あなたの課題を実行すること、しないことで、どのような結果が得られますか？
・あなたの課題を実行するために必要なことは何ですか？
・成功したら、自分にどのような報酬をあげたいですか？

これらの六つの働きは、いのちの電話のグループ研修で直接に目指されているものとは言えないかもしれません。①気づきの促進と、②分かち合いの促進については、いのちの電話の相談員の皆さんも意識しておられると思われます。③については、働きとしては考えられていない場合も多いかと思います。④以降は、部分的にそれに近い働きかけを行っているファシリテーターもおられるかもしれませんが、そうした働きかけをしないようにしているファシリテーターもおられるのではないかと思います。

こうした働きかけがいのちの電話のグループ研修に必要かどうかについては、さらに議論が必要かもしれませんし、結論がひとつにまとまるものではないかもしれません。ただ、確認しておきたいのは、いずれの場合も、ファシリテーターの働きかけは、メンバーへの質問で成り立っている点です。それも閉じられた質問（「はい」「いいえ」、あるいは「〇〇です」と答えたら、そこで終わってしまうような質問）ではなく、開かれた質問（答え方や内容が、質問された人に任されているような質問）になっているという点に注目しましょう。

津村さんは、ファシリテーターの姿勢について、以下のように書いています。

「もっとも基本的な姿勢として忘れてはならないことは、体験から気づき・学ぶ人は学習者自身であるということです。時として、親切心、教育者心から、ファシリテーターが気づいていることや解釈したことを、学習者に伝えたくなることがあります。ファシリテーターからフィードバックする時には、そのフィードバックの授受がもつ功罪について吟味したうえで行なう必要があります。たとえ教育者から見て貴重なフィードバックであると考えられても、ともすれば、他者から教えられたことは、学習者自身が発見した学びとは異なり、いわゆる学びの所有者感覚（ownership）をもてずに、逆に、そのことに気づくことができなかったという屈辱感を学習者に味あ《ママ》わせることになるという懸念も知っておく必要があります」

ファシリテーターは、メンバーの指導者ではないという点を十分心に留めておかねばなりません。

## 5　いのちの電話のグループ研修におけるファシリテーターの役割

いのちの電話のグループ研修におけるファシリテーターの心得をあらかじめまとめておきましょう。

①グループメンバーが、自分の内部で生じる気持ちの動きや浮かんでくる言葉などを信頼して、表明したくなったら表明するように働きかける。
②自分の気持ちの動きなどの表明によって生ずる対決やフィードバックを受け入れるよう働

きかける。

③グループメンバーの心の動きや、グループの動きについて注釈や解釈を避ける。

④グループメンバーの自発的自己表現を大切にする。

⑤グループメンバー一人ひとりに目を向ける。

⑥グループメンバー一人ひとりの成長に目を向ける。

⑦グループメンバー一人ひとりが、他のメンバーに対して傾聴の姿勢を持ち、メンバーが他のメンバーの発言によって傷つくことがないよう、心理的に安全な風土づくりを心がける。

⑧グループを深めることに気を遣うよりは、ありのままのグループを受け入れることに気を遣う。例えば、メンバーの参加のあり方を否定するのではなく、そのまま受け入れる。

いのちの電話のグループ研修でロールプレイを行う場合、第一義的にはロールプレイを担当する人（特に相談員役）が相談員としての気づきを得て成長することを目指します。第二義的には、グループメンバーの相談員としての成長を目指します。ここでの中心は傾聴力の向上です。傾聴を理解し、傾聴する姿勢ができることが、相談員の成長だと考えるからです。相談員役だけでなくグループメンバー一人ひとりの気づきを促すことも目標となります。

そのためには、グループの雰囲気が大事です。自らの心の動きの中のとらえ切れなかったものをとらえ直す作業には、自分を率直に表現できる環境が必要です。つまり「心理的に安全な」雰囲気です。自分が批判されたり批評されたりしないと約束されている必要があるのです。ファシリテーターの役割は、そうした雰囲気づくりです。

グループ研修の目標がグループメンバーの成長にあるとしても、それはファシリテーターがグループに提供するものではありません。グループのメンバーの働きかけ合い、言葉のかけ合いの中で生まれていくものです。そうした働きかけ合いが生まれるには、メンバーが心理的に安全だと感じつつグループに関われることが必須です。

## 6 いのちの電話におけるスーパーバイザーとグループ研修におけるファシリテーターの役割の共通性と違い

ファシリテーターについての理解を深める手立てとして、いのちの電話の「スーパーバイザー」の役割と比べてみましょう。

### (1) 共通する姿勢

①自分の内部で生じる気持ちの動きや浮かんでくる言葉などを表明したくなったら安心して表明するよう、グループのメンバーやバイジーに働きかけます。

②自分の気持ちの動きなどを表明して考え方や感じ方の違いが明らかになることや、他のメンバーからフィードバックが返ってくることを受け入れるよう働きかけます。
③バイジーやグループメンバーの心の動きや、グループの動きについて注釈や解釈を加えることは避けるようにします。
④バイジーやグループメンバーの自発的自己表現を大切にします。

## ⑵異なる姿勢

①バイザーはバイジーのみに注意を向けますが、ファシリテーターはグループメンバー一人ひとりに目を向けます。グループ研修の場合、ファシリテーターは話の流れに沿いながら、話し手にもそれを聴いているメンバーにも目を向ける必要があります。
②バイザーはバイジーの相談員としての成長（傾聴力の向上）に主として目を向けますが、ファシリテーターはグループメンバー一人ひとりの成長に目を向けることが期待されます。
③バイザーはバイジーが安心して自らの思いを語ることのできる雰囲気づくりを心がけます。他方、ファシリテーターはグループメンバー一人ひとりが他のメンバーに傾聴の姿勢を持ち、他のメンバーがその発言によって傷つくことのないよう、心理的に安全な風土づくりを心がけることになります。さらに、ファシリテーターは、グループの交流を深めること

に気を遣うよりは、ありのままを受け入れるよう心がけます。例えば、メンバーの参加のあり方をそのままに受け入れるといった対応です。

# Ⅱ　安心・安全な場をつくること

## 1　はじめに——安心と心理的に安全な風土の必要性

前段で、いのちの電話におけるスーパーバイザーと、グループ研修でのファシリテーターで、その姿勢に共通するところと異なるところについて述べました。その中で、バイザーとファシリテーターについて、バイザーはバイジーが「安心して語れる雰囲気づくり」を心がけるが、ファシリテーターは「心理的に安全な風土づくり」を心がけると指摘しました。この微妙な違いについてもう少し詳しくお話ししたいと思います。

安心というのは、その気持ちを抱く人の心のあり方のことです。それに対して、心理的に安全な風土というのは、人が活動する場の特徴を指しています。つまり、スーパービジョンの場合は、バイザーが配慮すべき相手はバイジーだけですから、目指すべきバイジーの心のあり方を「安心」という言葉で表現したのです。それに対し、グループの場合はメンバーが複数のため、一人ひとりの心のあり方を目標にするのではなく、その場のあり方を整えることが目標になります。それを「心理的に安全な風土」と表現したのです。

ところで、なぜ、安心や心理的に安全な場が必要だと考えるのでしょうか。それは、自由で率直な発言がバイジーやグループメンバーの成長にとって不可欠だと考えるからです。求めるのは、自分を率直に表現することができる雰囲気ですし、自分が批判されたり批評されたりしない雰囲気です。それはバイザーや、自分以外のグループメンバーの表明を受け入れる雰囲気にもつながります。また、自分の表現が大切にされていると感じるうえで必要な雰囲気でもあります。

例えばグループ研修のロールプレイを思い浮かべてみましょう。ロールプレイにおいて、相談員役がかけ手役に対して思いきり自分を表現できるかどうかは、重要なポイントです。自分の傾向（くせ）に気づくためには、個性を大いに表現してみることが何よりも大事です。くせを持ってはいけない、個性を出してはいけないと思うと何も言えなくなるでしょう。そうすると、かけ手に心を開くことができなくなります。

実際の電話相談であれ、ロールプレイであれ、自分の応答の特徴に気づくには、かけ手とのやり取りの中で、どんなふうに自分は感じるのか、どんな気持ちが湧くのか、どんなことを言ってやりたくなるのか、どんなことを言ってはいけないと思うのか、かけ手に対してどんな気持ちを抱くのか、かけ手にどう考えてほしくなるのか、こうした一つひとつの自分の心の動きに気づき、言葉にできることが大切です。そのためには相談員自身が自分の心を開いて自由に表明できる必要があるのです。

ところで、人はどのようなときに心を開いて自由になれるのでしょうか。それは心を開いても傷つくおそれがないときです。電話相談において、かけ手は相談員とのやり取りにまさにそのことを期待しているに違いありません。ですから、自分をさらけ出しても批判されたり評価されたりしないという雰囲気をグループ研修のロールプレイ後の話し合いにおいてもつくり出せるかどうかが大変重要なのです。もちろんその際には、メンバーそれぞれが自分を省みる率直さや周りの仲間たちの感じ方を受け入れてゆける度量を持てるかどうかも問われるでしょう。

いのちの電話では、かけ手の話を傾聴することが求められます。傾聴は、かけ手にとって話しやすい雰囲気をつくること、もっと話してみようと思ってもらえること、この人なら自分のことをわかってくれそうだと感じてくれること、他の人には話したことはないけれど話してみようという気持ちになってくれることを目指しています。それには、相談員が話をそのまま受け入れてくれた、話している言葉に込められている思いを理解してくれた、共感してくれたと、かけ手に気づいてもらうしかありません。その第一歩が、かけ手の話から受け取ったことを素直に、率直に確かめる応答なのです。

相談員の心がかけ手に向かって開かれていて、受け取ったものが的確に相談員の中で意識化され、かけ手に対し言葉で表現されていく。それがスムーズに行われるには、繰り返しになりますが、相談員自身が自分の聴き方のくせや話し方のくせに気づくことが、まず何よりも大切になるでしょう。

## 2　自分の心に注意を向ける——気づきを妨げる心の働き

ここで視点を少し変えてみます。

私たちは普段、自分の周りの人たちと話をするとき、どこかでTPOを意識しています。大勢を集めての会議か、友人とお酒を飲んでいる居酒屋か、上司との打ち合わせの場か、顧客から依頼を受けている訪問先か、あるいは家族と打ち解けて話している茶の間か、などなど。場所や相手によって口調も変われば、話す内容も変わります。ただし、そのときそのことを十分意識しているかというと、必ずしもそうではありません。なかば自動的に切り替わっているのではないでしょうか。そんなときに、自分自身のことを意識すると、どのようなことが起きるのでしょう。

　自分のくせに気づくには、まず自分のありようについて意識化する必要があります。簡単に言えば、自分自身に注意を向けるということです。自分自身に注意を向けると、私たちは、自分が今その場でうまくやれているのかどうかについて気になりだすことがわかっています。TPOを意識し、自分の振る舞いを意識し、自分でその振る舞いを評価しがちになるのです。ただし、そのとき「うまくやれているかどうか」の判断の基準は、あくまでその人の中にあるものです（心理学の専門用語で、こうした状態については「客体的自覚状態」といい、様々な研究がなされています）。

　さて、うまくやれているかどうかを気にかけ、そのことをチェックし始めると、当然のことながら「どうもうまくやれていない」ことに何かしら気づきます。それは不快な気持ちを引き起こし、今の自分のあり方を何とかしようという気持ちにつながります。そこで何とかなればいいのですが、どうしようもないことも多々あります。また、不快な気持ちが生じた原因を自分で何とかしなければならないものだと判断するとは限りません。自分のせいではないと考えることもありえます。

　いずれにせよ、自分に注意が向いた結果、不快な気持ちの生ずる場合や、自分はうまくやれていないと思ってしまう可能性がけっこうあるということです。これを他の人との関係に置き換えてみると、他の人から「あなたはどう感じたの?」と質問されたとき、「あなたはうまくやれていないのでは?」という指摘だと受け取る可能性が高いということになります。

私たちにこうした傾向があることからも、心理的に安全な場が必要なのは理解いただけるでしょう。「あなたはどう感じたの?」という問いかけが「あなたはうまくやれていないのでは?」という非難ではなく、字義通りの質問だと受け取ってもらえる、とメンバーそれぞれが実感できる、そんな場が求められるのです。そうした場ができていて初めて、メンバーが自由に率直な発言ができ、一人ひとりの気づきを促すことが可能になるのです。

# Ⅲ　相談員を続けることとやめること

## 1　電話相談員の継続について

電話相談に関わる人や、関心がある人、研究をしている人などが集まっている学術組織に「日本電話相談学会」があります。日本電話相談学会では『電話相談学研究』という雑誌を出しています。日本で、電話相談に関する研究の中心となっている雑誌です。ところが、この雑誌で「いのちの電話の相談員をやめる」というテーマを直接に取り上げた論文はほとんどありません。数少ない例外が、第二巻（一九九〇年）掲載の相談員の資質に関するシンポジウムです。

ここで、京都いのちの電話の事務局長平田眞貴子さんが「『やってあげるんだから』意識では長続きしない。『お役に立ちたい』意識が強すぎても困る」と発言されています。「『自分には向いていない』と思えば去ってゆく自由もあるし、家庭の事情などで断念しなければならない人もあり、相談ボランティアの定数は常に不足気味の現状である」と述べているのです。また、研修や認定基準に絡んで「『そんなに厳しくするから相談員が増えないのよ』とか『そのうち応募者もなくなるんじゃない？』とか、内部からも基準を緩めてはという声が上がる」「電話相談を支える人間観は『お互いさま』という考え方を大切に」とも発言されています。

また、同誌第五巻（一九九三年）で、浜松いのちの電話に関わっておられる根本英行さんが「電話相談ボランティアの精神保健―燃えつき状態とその対策」という論文を書かれていて、おそらくはやめる原因のひとつであろう「燃えつき」に関する対策を取り上げています。電話相談ボランティアに対するメンタルヘルス対策として「ボランティア自身の自助努力に期待するのではなく、相談ボランティア同士の相互援助的な人間関係づくりや、組織事態の課題として取り上げ」る必要を説き、次のような提案をされました。

①セルフケア

自分にとって何がストレス源か？　どんな対処行動が有効か？　例えば、リラクゼーション法、フォーカシングなどが挙げられています。

②相談員ボランティア同士の相互的援助関係づくり
情緒的支援者の存在の重要性が指摘されています。
③組織的ケア
研修、カンファレンス、スーパービジョンの機会などが設定されていて、その中でリラクゼーション法や相互的援助関係づくりを学べることが挙げられています。

福山清蔵さんは『電話相談の実際』（双文社、一九九九年）という本の中で、相談員のケアについて述べておられます。

皆さんご承知のように、不快な電話やいつまでもあとを引く電話など、電話相談を受けるのは、大変「しんどい」ことでもあります。そうしたつらさについて、福山さんはまず第一に、スーパーバイザーのタイミングよいサポートが大事で、モニターシステムがそのためには有用だと書いておられます。次に他の相談員との雑談や、あとからスーパーバイザーから返事をもらうのも役立つと述べています。また、ケースカンファレンスも大事だと書かれています。それに加えて、機関が方針を明確化すること、対応困難な頻回にかかってくる事例では組織としての基準のもとで電話を受ける必要があること、また、電話を受け終えたときの気持ちを吐き出すだけでなく、「抱え込むこと」の大事さもあると述べておられます。これはつらい電話への対応策としての提言です。

もっとも、福山さんはその本より一三年前の日本いのちの電話連盟の編集で出された『電話による援助活動―いのちの電話の理論と実際』（学事出版、一九八六年）の中で、「参加している大勢の仲間たちと、一緒に支えあっていこうとする姿勢」がいのちの電話相談員の基本姿勢であると述べています。

福山さんの『電話相談の実際』と同じ年に、奈良「いのちの電話」協会が『実践電話カウンセリング―いのちの電話の現場から』（朱鷺書房、一九九九年）という本を出しました。その中でも、この「相談員をやめる」問題が取り上げられています。まず、「一人前の……相談員に成長してゆく」には「初心を忘れぬ、強靭な意思を必要とする」としたうえで、「一人前の相談員」になってゆく過程で出てくる問題を列挙し、①性の電話、②頻回通話者、③答えを求められたとき、④先輩が基本から外れているが言えない、⑤講義と実際とのギャップ、⑥「いのちの電話ってレベルが低いのね」と言ってやめた人の事例が指摘されています。

さらに「ボランティア集団を抱える相談機関の留意点」として、「電話相談が、指の間から掬った砂が漏れてしまう、それでも飽きずにまた掬っている……というむなしさを味わう」というくだりがあります。

他方、「専門職や仲間に支えられて乗り切れた」「長く続けられるのは、仲間同士のつながりが支えとなっていることが大きい」といった指摘もあり、ボランティアの皆さんに「あなたがいてよかった」と伝えることも大事だと述べられています。例えば、組織として表彰や感謝をしたり、意見発表の機会を設けたり、相談員仲間に伝達できることは公開して存在を印象づける、などの活動も必要とのことです。さらに「願わくは、活動のための交通費に食事代程度の手当てを支給できる財政基盤を持つ組織でありたい」といった記述もありました。

## 2　相談員をやめたいと思ったことについての調査

次に、私が行った調査の結果を書きましょう。名前は伏せますが、いのちの電話のとあるセンターで相談員の皆さんに「相談員をやめたいと思ったことがあるかどうか」「やめたいと思った理由について」「それでも続けられている理由について」という質問の調査用紙を配付して、回答を依頼しました。結果として、相談員全体一三〇名のうち、六六名の方から回答が寄せられました。

調査結果を考えるにあたって、二つほど注意しておく必要があるでしょう。ひとつは、実際にやめてしまった人には回答を求めていないということです。そしてもうひとつは、調査をお願いしたセンターがひとつだけということです。付け加えれば、そのセンターでも全員が回答

表3－1　性別と経験年数

| 経験年数 | 男 | 女 | 総計 |
|---|---|---|---|
| ①1年未満 | 0 | 4 | 4 |
| ②1～3年 | 0 | 6 | 6 |
| ③3～5年 | 2 | 2 | 4 |
| ④5～10年 | 3 | 11 | 14 |
| ⑤10年～ | 3 | 35 | 38 |
| 総　計 | 8 | 58 | 66 |

以下の表では①～⑤の表記を用いる

を寄せてくださったわけではありません。しかし六六名という数は、ひとつのセンターの傾向を把握するという点では少なくないのではないでしょうか。

表3－1には調査協力者の「性別と経験年数」がまとめてあります。どこのセンターも同じだと思いますが、男性が少なく女性が多いことがわかります。また、一〇年以上の回答者数が多いのは、そもそも構成メンバーに一〇年以上の方が多いためで、経験年数による極端な偏りはないと思われます。

また表3－2には「やめたいと思ったことがあるかないか」の人数を、経験年数別に示してあります。結果として、やめたいと思ったことがある人とない人は、ほぼ半々でした。調査協力者は一年から四年までの経験年数の浅い人が少ないのですが、五年以上でもおよそ半々ですので、全体として、やめたいと思ったことのある相談員が現在相談員を続けている方の中でほぼ半分はおられることがわかりました。

比較的新しい相談員の数が少ないため、あまり結論めいたことは言えないのですが、私は単純に、あると答えた人が圧倒的に多いか、あるいは経験年数が長くなると逆にむしろ減っていくのではないか、と予想をしていました。その理由として以下の三つを考えていたのです。
①やめたいと思ったことがない人は、やめない。
②やめた人は、それが初めてかあるいは何回目かは別として、やめようと思ったためにやめる。
③相談員として残っている中では、やめたいと思ったことがある人の割合が増えていく。
しかし結果はその中間でした。やめたいと思った経験がある人は、ほぼ全体の半分くらいで、やめたいと思った理由は様々です。

例えば次のように考えてみましょう。最初の一年で、実際にやめた人を除いて、残った人のうちやめたいと思っている人が半分いるとすると、やめたいと思った人はやめたいと思ったことのない人よりも多かったことになります。次の一年が過ぎ、残った相談員の中でやめてしまった人を除いて、やめたいと思っている人と、やめたいと思ったことのない人が半々ですから、一年目の終わりにやめたいと思ったことのない人の中から、やめたいと思った人が増えたことになります。

こうして、やめたいと思った人と思ったことのない人が、経験年数に

表3-2　やめたいと思ったことが「ある」「ない」（経験年数別）

| | ① | ② | ③ | ④ | ⑤ | 計 |
|---|---|---|---|---|---|---|
| あ　る | 3 | 3 | 1 | 8 | 17 | 32 |
| な　い | 1 | 3 | 3 | 6 | 21 | 34 |
| 総　計 | 4 | 6 | 4 | 14 | 38 | 66 |

表3－3　やめたい理由（複数回答あり）

| | ①〜③ | ④ | ⑤ | 計 |
|---|---|---|---|---|
| 外部事情 | 2 | 4 | 5 | 11 |
| 相談員の人間関係 | 0 | 3 | 3 | 6 |
| 相談の意味 | 3 | 1 | 6 | 10 |
| いたずらなど | 4 | 2 | 4 | 10 |
| 組織の問題 | 0 | 2 | 1 | 3 |
| 総計 | 9 | 12 | 19 | 40 |

関係なくおおよそ半々であるという結果は、やめたいと思ったことのない人の中から、毎年新たに「やめたいという経験をする人」が生じているらしいということを表しているのではないでしょうか。

表3－3には「やめたい理由」を五つのカテゴリーにまとめてみました。やめてしまった人には、これ以外のもっと大きな理由があるが、ここにはその理由が出ていない、と考える必要はおそらくなさそうです。ただ、挙がっている理由のうち、どの理由が最もやめる決意をさせるのかについては、この表からは何とも言えません。

相談員を続けたりやめたりすることについて考えるうえで、こうした結果が大きな前提となるかと思います。

やめたいと思った理由について、相談員になりたてのときと、比較的長い間相談員を続けている人とでは違いがあるのでしょうか。結果を見ると、やめたいと思った理由は経験年数によって微妙に違いがあるようです。これは、電話で相談を受けるという経験に慣れてくる人とそうでない人の違いを表しているのではないかとも思えます。

表3-4　続いている理由（複数回答あり）

| | ① | ② | ③ | ④ | ⑤ | 計 |
|---|---|---|---|---|---|---|
| 始めた動機を大切に | 1 | 1 | 1 | 1 | 2 | 6 |
| 家族の協力 | 0 | 1 | 0 | 0 | 0 | 1 |
| かけ手の力になれた | 2 | 2 | 1 | 3 | 1 | 9 |
| ボランティアができることに満足 | 0 | 0 | 0 | 1 | 3 | 4 |
| 相談員同士の支えあい | 1 | 1 | 2 | 3 | 15 | 22 |
| 自分の成長 | 0 | 1 | 2 | 2 | 3 | 8 |
| 電話を必要としている人がいる | 0 | 0 | 0 | 0 | 4 | 4 |
| 専門職の支え | 0 | 0 | 0 | 0 | 2 | 2 |
| その他 | 0 | 0 | 0 | 1 | 2 | 3 |
| 合　計 | 4 | 6 | 6 | 11 | 32 | 59 |

最後にやめたいと思ったこともあったが、やめないでいられる理由はどうでしょうか。表3－4を見てみましょう。相談員を続けられた理由として最も多く挙げられているのは「相談員同士の支えあい」です。数はだいぶ減りますが、それに続いて「かけ手の力になれた」「自分の成長」があります。やはり、とあえて言いますが、仲間同士の支え合いが最も大きな力となるのでしょう。

この調査結果で、いのちの電話の相談員をやめたいと思ったり踏みとどまったりする理由が十分解明できたと思っているわけではありません。それでも、やめたいと思う経験はいつでも起こりうること、またそれを乗り越える力は主として仲間の支えであることが、明らかになったのではないでしょうか。もちろん、やめたいと思った理由や、仲間の支えの細かな内容については、今後のさらなる検討が必要でしょう。

# Ⅳ　日本の電話相談の発展――いのちの電話と電話相談学会を中心に

## 1　はじめに

最後になりましたが、日本の電話相談がどのように発展してきたかについて簡単にまとめてみたいと思います。ここでは、日本での電話相談に関する活動を、いのちの電話と電話相談学会の展開を中心にお話ししましょう。

## 2　電話相談の実践と研究の展開

### (1) 電話相談活動の本格的開始

わが国における電話相談の始まりがいつからなのかは、電話相談をどう定義するのかにもよります。佐藤誠さんが『電話相談の実際』（前掲）に書いているところによれば、世界で初めて組織的な電話相談を始めたのは、イギリスの牧師であったチャド・バラー（Chad Varah）さんで、一九五三年のこととされています。その後バラーさんの活動は「サマリタンズ」（The Samaritans）という名称のもとにイギリス中に広まっていきました。彼の功績は電話相談を始めたことだけではなく、非専門家のボランティアによる危機介入電話相談（現在のいのちの電話のもとと考えられています）を確立したことだと、佐藤さんは指摘します。このバラーさんによって始められた非専門家のボランティアによる電話相談は、その後世界中に広がっていくことになりました。

わが国における非専門家のボランティアによる電話相談は、一九七一年一〇月一日に東京で開局しました。それが「東京いのちの電話」です。すでに何度か本書でも触れていますが、この電話相談は自殺予防が重要な柱になっていて、その目的のためもあって開局当初から二四時間体制でした（斎藤友紀雄「日本におけるいのちの電話」一九七九年）。その後、いのちの電話は、全国へとその活動が拡がっていきます。一九七七年には日本いのちの電話連盟が設立されるに至り、「いのちの電話」の名称使用にも一定の基準が適用されることとなりました。

ただ、先発センター（各地のいのちの電話は、電話が置かれている都市名を冠するのが通例で、例えば「札幌センター」のように呼ばれます。この呼称は法人の正式名称ではありません）が後発センターの開局を支援することはあるものの、各地のいのちの電話はその地の専門職や非専門職のボランティアたちによって立ち上げられることが原則でした。その意味では「いのちの電話運動」とも言えるものでしょう（宇野徹「いのちの電話センターの組織と運営」一九八六年）。

いのちの電話は二〇二一年四月現在、全国で五三のセンター（うち二四時間体制は二三センター）が開局しています。二〇一九年一月から一二月までの統計によると、電話相談件数は総相談件数六二万〇三六七件（男性：三〇万五七七三件、女性：三〇万四九二五件）で、うち自殺志向電話数が六万三九九九件となっています。受け取った電話のほぼ一割が自殺志向と判断される電話でした（いずれの数字も日本いのちの電話連盟ホームページ）。いのちの電話のセンター数の増加は、電話相談を必要とする社会的背景にも後押しされてのものだと思われます。

例えば筆者は、一九九八年にニフティサーブのネットワークを用いて「いじめ」「不登校」の相談を標榜する公的な電話相談の窓口の件数を調べて、四七一一件に達することを明らかにしています（今川民雄「相談機関における相談機能のあり方について」一九九九年）。この事実は、一九九八年当時すでに一都道府県あたりおよそ一〇〇のいじめや不登校に関する公的な相談窓口があったことを意味していて、電話相談が一般に普及していることの現れとみなすことができます。

### (2)電話相談に関する研究の増加

このように、電話という道具を用いて相談を受けるという活動が、現在では様々な分野でごく一般的なものとなっていることが理解できるでしょう。例えば、村瀬嘉代子先生、津川律子先生による『電話相談の考え方とその実践』（金剛出版、二〇〇五年）でも、被災者支援・産業領域・子育て支援・医療領域・犯罪被害者など、多くの領域への電話相談を通じての支援が取り上げられています。

では、電話相談に関する研究はどのような変遷をたどってきたのでしょうか。論文等のデータベースである"MAGAZINEPLUS"で、「電話相談」をキーワードとして、二〇一〇年以前について検索したところ七四三件がヒットしました。図3-1に、電話相談に関する文献が現れてから一九七五年までと、それ以降五年ごとに区切った文献ヒット件数の推移を示しました。

一九九一年から一九九五年にかけて文献数が急増し、その後も増加し続けていることがわかります。

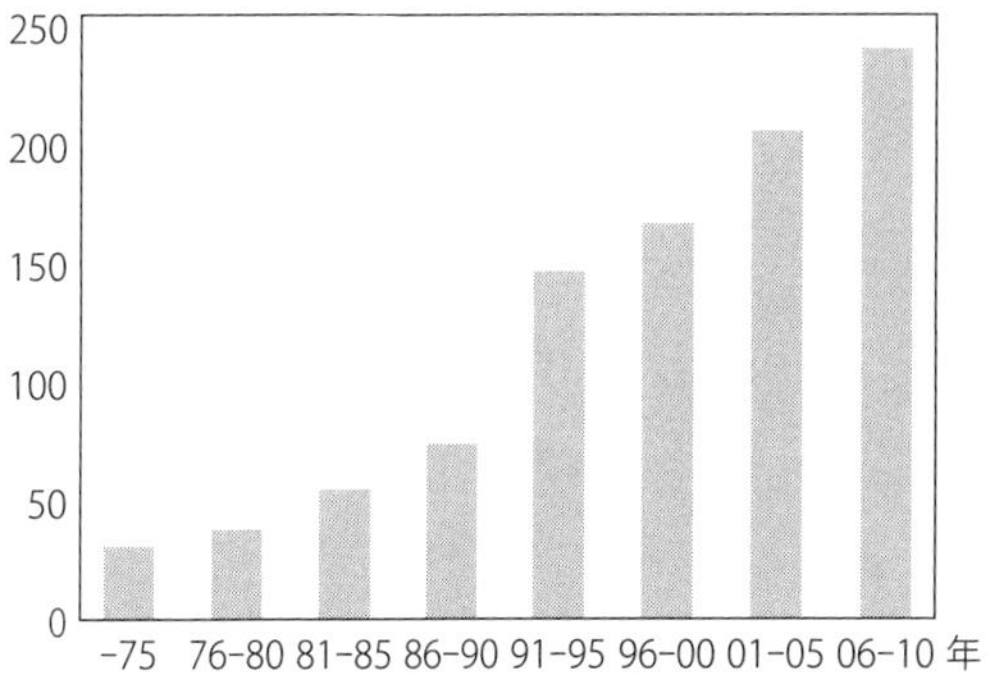

図３－１　「電話相談」の文献数

　ところで、電話相談に関する論文の中で、最も古いものを探すと「こども電話相談室（ラジオ）──録音器」（『言語生活』一九六五年七月号）という論文にゆきつきました。子どもたちからの様々な疑問・質問を電話で受け、それに答えるというラジオ番組について書いたものです。この論文によると、この放送は「相談」と銘打ってはいますが、一問一答形式で行われていて、電話を通じてじっくり話を聞くといったものではないようです。他方同じラジオ番組ですが、様々な事情を持つ大人を対象とした「テレフォン人生相談」（こちらの番組は現在でも続いているようです）は、同じ一九六五年の一月にニッポン放送で開始されています（Wikipedia、二〇二一年）。

　二番目に古い文献「金魚はオシッコしますか？──『全国子ども電話相談室』（ＴＢＳラジオ）余談」（『文藝春秋』一九六九年一月号）の題目にも、一問一答形式であることが示されています。さらに一九七五年には「『子ども電話相談室』の一〇年をとおして観た今の子ども」(『言語生活』一九七五年四月号)が三番目に古い論文としてヒットします。

ところで一〇年ほど前の五年間に出された電話相談に関する論文には精神保健関連、消費者関連、子ども関連、がん等疾病関連などの内容が多く見られましたが、その内容は、実情・実態・内容についての報告が中心となっています。電話相談における訓練の効果といったテーマについての研究は多くありません。そうした研究のほとんどは先ほども紹介した『電話相談学研究』という専門誌に集中(一〇二件)しています。

ここで、『電話相談学研究』を刊行している電話相談学会について少し触れておきましょう。

電話相談学会は、最初は一九八八年九月三日に全国電話相談研究会として発足しました。『電話相談学研究』は、この研究会から、翌年に第一巻が刊行されています。この研究会誌の発刊によって、電話相談に関する研究が本格的に開始されることになったと考えてよいでしょう。九年後の一九九七年一〇月に「全国電話相談研究会」は「日本電話相談学会」へと発展的に解消して学会となりました。『電話相談学研究』は研究会誌から学会誌へとその位置づけを変えることになったのです。

さて、二〇一〇年までの電話相談に関する研究は、紀要(大学などが発行している専門雑誌)・専門誌(学会や出版社が発行している専門雑誌)に論文がポツポツと見られる程度で、ほぼ『電話相談学研究』に集中しています。表3－5をご覧ください。一雑誌当たりの、電話相談に関する掲載論文数の平均は（一九六五年以降二〇一一年まで調べた限り）『電話相談学研究』の数がずばぬけていることがわかると思います。このことは、電話相談についての研究が、電話相談学会にかなり集中していることを示しています。こうした事情は、電話相談が心理臨床の場（臨床心理学の専門家が活動する場所）として認められてこなかったということも背景にあるかもしれません。電話相談学会の中心的な担い手が、学会発足当初はいのちの電話の関係者であったということとも無関係ではないでしょう。いのちの電話の電話相談の直接の担い手は心理臨床の専門家ではなく、非専門家のボランティアであり、学術的研究とはつながりの薄い人々であったことも影響しているのだと思います。

表3－5　「電話相談」関連文献掲載雑誌分類（1965〜2011年）

| 領　域 | 論文数 | 掲載誌数 | 平均掲載数 |
|---|---|---|---|
| 医療・看護等 | 158 | 73 | 2.16 |
| 一　般 | 129 | 30 | 4.30 |
| 電話相談 | 109 | 1 | 109.00 |
| 福　祉 | 87 | 16 | 5.44 |
| その他 | 71 | 44 | 1.61 |
| 経　済 | 46 | 26 | 1.77 |
| 臨床心理 | 41 | 12 | 3.42 |
| 紀要等 | 25 | 18 | 1.39 |
| 教　育 | 20 | 16 | 1.25 |
| 女　性 | 18 | 5 | 3.60 |
| 法　律 | 14 | 8 | 1.75 |
| 心　理 | 13 | 8 | 1.63 |
| 政　治 | 6 | 5 | 1.20 |
| 計 | 737 | 262 | 2.81 |

### (3)電話相談の広がり――チャイルドラインを例として

最初にも書きましたが、筆者は長くいのちの電話に関わってきました。二〇二〇年に札幌の大学に移ったことから、近郊である恵庭市の「ベルの会」や、北広島市の「青少年電話相談カウンセラー」などの研修に携わっています。いずれも非専門家のボランティアによる電話相談です。こうした非専門家のボランティアによる電話相談は、多くの地方自治体で実施されるようになっていることでしょう。

また、筆者は「チャイルドラインさっぽろ」にも組織立ち上げの当初から関わってきました。ここでは、チャイルドラインの発展の経緯をお話ししたいと思います。

チャイルドラインは一八歳までの子どもがかける「子ども専用電話」です。チャイルドラインでは、自分たちの活動を「電話相談」とは言わず、「子ども専用電話」と呼びます。電話の内容を相談に限定しないためです。「今日、テストで満点だったよ」という内容でもかまわないという姿勢です。そのため、チャイルドラインでは「相談員」とは言わず、「受け手」と言います。受け手を担うのが非専門家のボランティアである点は、いのちの電話の相談員と同じです。また子どもたちの声を傾聴するのに徹する点も共通しています。あえて「電話相談」とは名乗っていませんが、非専門家のボランティアがかけ手に傾聴の態度で接するのを目指しているという点で、いのちの電話に代表される、ボランティアによる電話相談の発展形と言えるでしょう。

①世界のチャイルドライン

子ども専用のホットライン（もともとは国家間の緊急連絡用電話をホットラインと呼びました。そのことから、広く緊急連絡用電話の呼び名となったものです）の活動は、一九七〇年ごろ北欧地域を中心に始まったとされています。日本がお手本にしたイギリスの「チャイルドライン」は、一九八六年にＢＢＣの子ども虐待に関する番組から生まれました。現在、三六五日二四時間フリーダイヤルで運営されており、子どもたちは皆「チャイルドライン」の電話番号を知っていると言われます。政府や財団、多くの企業や市民が運営を支えていて、それが企業の社会的ステイタスにもなっているとのことです。

子ども向けの電話相談の国際組織としてチャイルド・ヘルプライン・インターナショナル（ＣＨＩ）があり、二〇〇三年一〇月に結成されました。日本の「チャイルドライン支援センター」もそのときから加盟しています。ＣＨＩには現在世界一五〇か国以上が加入しています。

②日本のチャイルドライン

一九九八年、「せたがやチャイルドライン」が東京都世田谷区の市民ネットワークにより提案、実施されました。これが日本で初めてのチャイルドラインとされています。同時期に、国会では超党派でチャイルドライン設立推進議員連盟が発足。さらに一九九九年一月にＮＨＫ教育テレビ四〇周年記念番組として「ＮＨＫチャイルドライン」が放映され反響を呼びました。こうした動きを通じて、チャイルドラインが全国的に知られるようになったのです。

この動きを進め、チャイルドラインの全国的な普及を目指して、同じく一九九九年に先ほど触れた「チャイルドライン支援センター」が設立されました。この組織の活動もあり、全国各地でチャイルドラインを設立する動きが広がり、二〇一九年には全国で六八のセンターがチャイルドラインとして活動しています（チャイルドラインのセンターがない県は六つのみとなっています）。なお、二〇〇六年には、チャイルドライン支援センターが「チャイルドライン」の名称を商標登録しましたので、現在は勝手に「チャイルドライン」を名乗ることはできないようになっています。

二〇〇九年五月からは、〇一二〇‐九九‐七七七七という全国統一ダイヤルが設定されました。センターがない県の子どもたちであっても、この共通のフリーダイヤルにかけてもらえば、チャイルドラインにつながります。

③チャイルドラインほっかいどう（さっぽろ）について

牟田悌三さん（当時チャイルドライン支援センター代表）の札幌での講演（実質的な呼びかけと言ってもいいと思います）がきっかけとなり、様々な人々によって二〇〇三年二月に、チャイルドラインさっぽろ設立準備会が結成されました。北海道でのチャイルドライン開局に向けた第一歩です。準備会は、その年の五月の連休にチャイルドライン支援センターが開催した「二〇〇三こどもの日全国キャンペーン」に、チャイルドラインさっぽろ特設団体として三日間参加。開催期間中に北海道の子どもたちから、たくさんの電話が寄せられ、開局に向けた動きに弾みがつきました。同年八月には、第一期受け手養成研修が開始され、翌年七月には道内初の子ども専用電話「チャイルドラインさっぽろ」の開局にこぎつけました。

その後、北海道では他にチャイルドライン開局が見込めないこと、全道的な支援を受けるには「ほっかいどう」の名前が必要であることから、二〇一七年の総会で「チャイルドラインほっかいどう」と名称変更して現在に至っています。

## (4)非専門家のボランティアによる電話相談

いのちの電話もチャイルドラインも、電話をかける側、受ける側とも匿名です。受け手のかけ手に接する態度は、かけ手の年齢に関係なく傾聴を基本としています。

ボランティア活動は、今でこそ災害支援などに力を発揮していますが、電話相談ではこの「匿名性」と「傾聴」によって、一九七〇年代以降、独自の領域を開いてきたと言えましょう。チャイルドラインではインターネットを利用したチャットも始めています。チャットのような道具がどの程度一般的になるか、電話での傾聴に相当する対応の仕方はどうあるべきかなど、今後の課題はまだまだ山積みです。

# おわりに

筆者といのちの電話との関わりを振り返ると、旭川在住時代に遡ります。当時は研修にも運営にも携わる形でしたが、二〇〇二年に札幌に移ってから、それまでの旭川センターに加え、札幌センターにも関わるようになりました。旭川、札幌とも研修への協力が中心で、そのせいかどうか、本書は研修にまつわる記述が多くなったように思います。筆者の大学での専門が心理学であったことも、何がしか影響したかもしれません。

いずれにせよ、筆者にとっていのちの電話の活動は、ボランティアとはいえ、空いた時間を利用してのものではなく、積極的に関わる決意のもとに行ったものでした。その意味で、本書は、人生の総決算とは言わないまでも、私の人生の大きな部分を占めた活動についての総まとめとも言えるものです。

本書の出版にあたり、日本評論社の小川敏明様に大変お世話になりました。記して感謝いたします。また、資料の確認を含め執筆作業を支えてくれた妻洋子に感謝します。

最後に、この本に目を通してくださった方々にとって、何がしか資する内容が少しでもあることを願って、筆をおきます。

二〇二一年春

筆者

## 参考・引用文献


相島敏夫「金魚はオシッコしますか？──「全国子ども電話相談室」（ＴＢＳラジオ）余談」（『文藝春秋』一九六九年一月号）

福山清蔵「いのちの電話相談員の養成・訓練」（日本いのちの電話連盟編『電話による援助活動──いのちの電話の理論と実際』学事出版、一九八六年）

福山清蔵『電話相談の実際』双文社、一九九九年

樋口和彦監修、斎藤友紀雄、平田眞貴子編集『ひとりで悩まずに…いのちの電話』ほんの森出版、二〇〇一年

今川民雄「相談機関における相談機能のあり方について──ボランティア相談機関の経験を中心として」『青少年相談機関に関するブロック連絡会議の結果概要』総務庁青少年対策本部、一九九九年

今川民雄「非対面援助活動としての電話相談──『いのちの電話』の経験を基礎として」（岩本隆茂、木津明彦編『非対面心理療法の基礎と実際──インターネット時代のカウンセリング』

培風館、二〇〇五年）
D・レスター、G・W・ブロコップ編（多田治夫、田中富士夫監訳）『電話カウンセリングの技法と実際―電話相談活動と危機介入』川島書店、一九八二年
中嶋充洋『ボランティア論―共生の社会づくりをめざして』中央法規出版、一九九九年
奈良「いのちの電話」協会編『実践電話カウンセリング―いのちの電話の現場から』朱鷺書房、一九九九年
根本英行「電話相談ボランティアの精神保健―燃えつき状態とその対策」『電話相談学研究』五巻二六―三〇頁、一九九三年
斎藤友紀雄「日本におけるいのちの電話」いのちの電話編『いのちの電話―電話相談の理論と実際』学事出版、一九七九年
佐藤誠、高塚雄介、福山清蔵著『電話相談の実際』双文社、一九九九年
佐藤誠「電話相談の歴史」（前掲『電話相談の実際』）
津村俊充、石田裕久編『ファシリテーター・トレーニング―自己実現を促す教育ファシリテーションへのアプローチ』ナカニシヤ出版、二〇〇三年
無着成恭「『子ども電話相談室』の一〇年をとおして観た今の子ども」（『言語生活』一九七五年四月号）

村瀬嘉代子、津川律子編『電話相談の考え方とその実践』金剛出版、二〇〇五年
宇野徹「いのちの電話センターの組織と運営」（前掲『電話による援助活動』）
ヴァンダ・ウォーク（田中富士夫訳）『電話相談とセックス通話者―その陰の部分に光を』川島書店、一九九九年
「こども電話相談室（ラジオ）―録音器」（『言語生活』一九六五年七月号）
「日本いのちの電話連盟ホームページ」http://www.find-j.jp/index.html（二〇一一年一月閲覧）
「テレフォン人生相談」Wikipedia（二〇一一年一月閲覧）

◎著者略歴
**今川民雄**（いまがわ・たみお）
NPO法人チャイルドラインほっかいどう前代表理事。1948年生まれ。1975年、北海道大学大学院文学研究科心理学専攻修了。北海道教育大学大学院教授、北星学園大学教授、北星学園大学社会福祉学部長などを歴任。かたわら、いのちの電話のボランティア活動に従事。『「わたし」をみる・「わたし」をつくる』（編著、川島書店）、『人とのつながりとこころ』（共編、ナカニシヤ出版）がある。

**いのちの電話《でんわ》を支《ささ》える**
——ボランティア実践《じっせん》の方法《ほうほう》

2021年7月25日　第1版第1刷発行

著者——今川民雄
発行——株式会社 日本評論社
〒170-8474 東京都豊島区南大塚3-12-4
電話03-3987-8621［販売］-8601［編集］
振替00100-3-16
印刷——港北出版印刷株式会社
製本——井上製本所
装丁——図工ファイブ


ISBN　978-4-535-56402-2